La Femme Truite

*Le Coup du Soir
et autres histoires de pêche*

Du même auteur :

Le Sorcier de Vesoul, Balland 1979
Dernières nouvelles du monde, Ramsay 2007

La Femme Truite

*Le Coup du Soir
et autres histoires de pêche*

Vincent Lalu
Aquarelles de Marie-Annick Dutreil

Quai des Plumes

À Eve-Marie

« Mon seul désir qui me tenait quelque fois encore éveillé était de pouvoir partir à la pêche. »

Un bon Jour pour mourir
Jim Harrison

L'éternité ne dure que trente minutes

Dites-le bien autour de vous : le temps passé au coup du soir ne saurait compter. Il appartient à l'éternité. Le temps s'arrête trente minutes exactement après le coucher du soleil, au moment où le soir prend possession de la rivière. Juste avant que le ciel et l'eau ne se fondent dans cette litière humide et complice où poissons et pêcheurs s'invitent aux noces tragiques des éphémères.

Blotti dans la pénombre naissante, fondu dans l'uniformité bleu nuit du paysage ou immergé jusqu'au poitrail dans la position du baigneur lunaire, le moucheur nocturne goûte par-dessus tout ces instants de solitude, minuscule bestiole parmi d'autres bestioles, affairées comme lui à faire bouillir la grande marmite cosmique.

Le coup du soir est un bon moyen de changer de planète sans changer de place parce que ce n'est pas vous qui changez, mais la planète qui change. Tout est différent, la lumière que commande la lune bien sûr, mais aussi les odeurs, la sensation que laisse le souffle de l'air, les bruits de la forêt auxquels répondent les bruits de la rivière et l'agressive attaque de la truite dont la mâchoire claque sur les ailes naissantes de la phrygane.

Providentielle attaque qui vous permet de pêcher à l'oreille, attentif au moindre clapot, l'attention crispée sur le sombre horizon de la rivière somnambule. À moins qu'une lune bienveillante n'éclaire un instant l'imperceptible gobage d'une douairière attablée sur les spents qui défilent en bordure de courant.

Courez au coup du soir, et dépêchez-vous : l'éternité ne dure que trente minutes.

Hairy Mary

Voici l'histoire d'un homme qui aimait autant les truites que les femmes et dont la vie hésitait douloureusement entre ces deux extrémités de la passion. Cette indécision amoureuse l'exposait à la jalousie des unes et à l'indifférence des autres, elle le condamnait aux liaisons sans lendemain, aux bredouilles punitives et à une instabilité affective permanente qui le faisait voyager d'un giron à l'autre selon qu'il avait sacrifié les premières aux secondes et vice-versa.
Ce lord écossais avait même dû s'exiler en Irlande pour fuir la vindicte de quelques fiancées, furieuses qu'un aussi beau parti leur échappât. Ces dames ne comprenaient pas qu'il pût leur préférer dans l'instant la compagnie des truites tandis que lui s'offusquait de leur intolérance. Comment ? Il leur faisait l'honneur de les emmener au bord des rivières, il leur permettait de patauger des heures durant dans des fondrières de tourbe gorgées d'eau et elles le remerciaient en boudant, le sommaient de rompre avec les truites avant de renoncer elles-mêmes sous l'effet du dépit et de la colère.

- *Hairy Mary* -

Parfois, le lord rêvait d'une rencontre avec une diane pêcheresse. Ils s'aimeraient et aimeraient pêcher ensemble mais il connaissait assez peu d'exemples de couples dans ces dispositions et n'était pas sûr d'avoir envie de partager une intimité en forme de partie de pêche. D'ailleurs un autre rêve, bien plus terrible, l'avait rapidement convaincu de l'inanité d'un tel projet : il était dans son manoir, sur le grand lit de ses aïeux avec une femme sublime. Ils s'aimaient en regardant la rivière par les hautes fenêtres de la chambre. Soudain les truites se mettaient à gober, des centaines, peut-être des milliers de truites, comme seules les grandes éclosions de fourmis savent en rassembler. Et ils contemplaient ce spectacle, enlacés, ondulant eux-mêmes au rythme des poissons qu'ils regardaient. Et lui sentait monter en lui, en marge de ce désir d'elle qui ne désarmait pas, un impérieux besoin de s'arracher à son étreinte et de courir rejoindre les truites. Et cette situation magique, où se trouvaient assemblés les ingrédients de son bonheur, se transformait peu à peu en cauchemar, les truites s'étant arrêtées de gober dès son arrivée et lui ayant retrouvé une couche vide à son retour, la belle et les truites l'appelant ensuite du fond de la vallée, où lui ne pouvait les rejoindre.

La répétition de ce cauchemar décida de son exil irlandais, sur les rives de la Moy river, où il se trouvait

- *Hairy Mary* -

maintenant, peignant avec application un joli pool à saumons. Sa façon à lui de bouder les truites qui, d'une certaine façon, l'avaient conduit là.

Ici commence la véritable histoire de la Hairy Mary, mouche-femme ou femme-mouche, comme on le dit des femmes-fleurs, et dont la légende nous précise qu'elle donna son nom et une partie de sa chevelure à une mouche à saumon imaginée par son lord d'amant. Dans la vraie histoire, la petite Mary n'est encore qu'une beauté irlandaise à l'imposante chevelure rousse qui s'est arrêtée sur le bord du pool pour admirer le geste auguste du lanceur à deux mains. Le lord l'ignore. Il lui a semblé voir un sillage en tête du pool. Le lord s'applique : sa guérison dépend des saumons. Cinquième passage, la tirée est franche comme l'est la bataille qui suit, Mary s'approche, applaudit. Le lord la découvre enfin. Elle lui fait la surprise de sa complicité. Les jours suivants la trouvent inattendue supportrice qui encourage le lord interloqué. Les voilà amis et bientôt amants. Lui redoute cet instant terrible où, d'ordinaire, elles prétendent engranger les bénéfices de leur séduction, où le ferrage de Cupidon les dispense de continuer à s'intéresser à la pêche.
Elle, non. C'est bien la pêche qui l'a séduite, c'est aussi pour la pêche qu'elle entend partager sa vie. Mais lui se

- *Hairy Mary* -

méfie encore, il a payé cher les précédentes volte-face de ses aimées. Alors elle insiste, argumente, minaude, se tord les mains, puis sort de son corsage une minuscule paire de ciseaux pliants au moyen desquels elle prélève une mèche de ses cheveux roux :

« Tiens, fais-en une mouche… »

Il sourit, se met à son étau. Le lendemain, les saumons ne prennent que celle-là. Le lord insiste ; toute sa boîte y passe. Refusées les Jock Scott, refusées les King of Alexandra, refusées les Chalmers, refusées les Lilly May, refusées les Black Doctors, refusées les Lemon Grey, les Yellow Torrish, les Durham Ranger… Happée, dévorée, engloutie la Hairy Mary.

Le lord rentre au lodge. Il sait qu'il a trouvé la femme de sa vie, une femme-mouche que les saumons ont choisie avant lui. Il ne la quittera plus et quand, par malheur, elle ne sera pas là, il y aura tout de même sa mouche. Il l'emmènera partout avec lui, elle ou un peu d'elle. Partout, c'est-à-dire à la pêche puisque son "partout" à lui, c'est forcément là où il y a de l'eau, de l'eau suffisamment accueillante pour qu'il y trempe son fil.

Ainsi naquit la première Hairy Mary. Oh, une mouche bien modeste, pour laquelle il avait juste emprunté quelques brins de sa chevelure rousse… Une mouche

- *Hairy Mary* -

prenante, bien accueillie par les saumons sensibles à l'ondulation de feu de ces ailes de femme.
Le lendemain, il en créa une version pour les truites. Comme les saumons, les truites furent séduites. Elles prirent la mouche à chaque passage et même quand elle leur fut approximativement présentée. Si bien qu'en une matinée de pêche, il captura et relâcha une bonne trentaine de brownies, n'en conservant que deux de la livre pour le dîner du soir.
Elle le reçut en héros. Oui, elle adorait les truites, oui elle se réjouissait d'en manger, non cela ne la gênait pas d'être ainsi associée aux subterfuges de la capture. Oui, elle souhaitait qu'il y retourne dès le lendemain, et surtout qu'il ne se gêne pas, qu'il n'hésite pas à lui demander d'autres matériaux de montage, elle pouvait fournir du côté des cheveux, la nature n'avait pas lésiné, et pas seulement du côté des cheveux : elle s'offrait tout entière, elle lui faisait don de sa matière première, qu'il s'inscrive aux guichets de sa pilosité, son étau ne risquait pas de chômer.
Et ce moment fut le début d'une véritable aventure industrieuse où le lord déchaîné ne se contenta plus des premières Hairy Mary, mais composa toute une boîte à mouches, puis un meuble, et presque un magasin. Il lui semblait que le corps d'une femme valait bien, pour y récolter le genre d'artifices qui d'habitude

- Hairy Mary -

séduisent les truites, celui d'un quelconque volatile, fût-il un coq de Navarre, un faisan des Highlands ou un canard du Kerry, et même, il en était persuadé, avait-il toutes les chances d'y trouver aussi ce que les monteurs de mouche empruntent aux cervidés, aux ours, aux phoques et autres mammifères dont la peau s'orne d'une fourrure.

Il pêcherait avec elle en sèche, en noyée, en émergente, et dans les courants et sur les plus impassibles des lisses qui ne le resteraient pas bien longtemps lorsque apparaîtraient ces artificielles aussi sensuellement naturelles.

Ainsi, ses longs cils roux furent les cerques d'imagos splendides aux ailes de mèches bouclées, montées sur le fin duvet blond de ses bras laiteux. D'autres cheveux ondulèrent dans le courant, animés par la savante dérive qu'il savait donner aux streamers. Des sourcils composèrent le corps des nymphes et d'autres poils encore les ailes résignées des mouches noyées. Enfin, elle lui accorda le plus secret d'elle-même pour le plus tendre des dubbings. Cette boîte à mouches ne quitta plus la poche intérieure gauche, de sa grande veste de velours. Et elle voyagea ainsi avec lui, à la pêche mais pas seulement à la pêche : à la chasse aussi, aux courses et encore à la guerre contre les Bengalis où elle le protégea d'une balle qui prenait le chemin de son cœur.

- *Hairy Mary* -

Bref, cette boîte à mouches devint une manière d'assurance tous risques assortie d'une garantie bonheur qui donna au lord un avantage considérable sur la plupart de ses contemporains ainsi que sur les pêcheurs des générations futures qui ne risquaient pas d'avoir, de si tôt, l'occasion de rencontrer et de tirer parti d'une semblable Mary.

Seuls au monde

Cela s'est passé comme ça. Il est rentré de voyage au milieu du mois d'août, un voyage d'affaires assez long, assez loin. Il n'était pas au courant. Dès le lendemain, il a pris sa canne, sa boîte à sauterelles et sa veste de pêche et il est parti vers la rivière qui lui avait tant manqué. Quand il a monté sa canne, sur le parapet du pont, il lui a semblé que quelque chose clochait, la demi-obscurité, propice aux mystères et le souci de ne pas être vu l'ont empêché de regarder de l'autre côté du muret. Il a lancé sa ligne et entendu distinctement le bruit des plombs qui roulaient sur une pierre. C'est à ce moment-là qu'il a compris ce qui l'avait intrigué une minute plus tôt : il n'entendait pas le bruit de l'eau. Il s'est alors penché par-dessus le parapet et a découvert que sa rivière était devenue un chemin. Il n'y avait plus une goutte d'eau, pas de rigole, pas de flaque, pas de trace d'humidité. La rivière n'avait même plus de quoi fabriquer les larmes de son malheur. C'était un chemin couvert de poussière, dans lequel il descendit pour vérifier qu'il n'était pas victime d'un mirage inversé.

Il allait de poste en poste, la canne à l'horizontale, prêt à poser la ligne, au détour d'une branche, mais plus il avançait et moins il y avait lieu de poser quoi que ce soit. Là, par exemple, derrière cette pierre, à l'époque où il y avait de l'eau, le trou lui semblait immense. Sans eau c'était à peine un bidet ; et elle, l'énorme truite manquée au printemps dernier, où était-elle aujourd'hui ? avec ses tirées si brusques et ce rush qui avait entraîné sa ligne dans les barbelés. Avait-elle seulement pu s'enfuir, détourner un peu de l'oxygène de l'eau qui la quittait ? Il refit un à un tous les postes où il avait pris ou raté des poissons, inspecta le dessous des pierres, interrogea la poussière, fit comme si elles étaient seulement parties se cacher, comme s'il s'agissait d'une mauvaise plaisanterie, d'un jeu qui avait mal tourné. Mais les truites ne revenaient pas.

Alors il se dit que c'est triste une maison vide dont on vient d'apprendre que les habitants sont morts ou partis ailleurs. Sans espoir de les voir revenir. Une maison où la vie est désormais impossible parce qu'on en a confisqué l'atmosphère.

Ainsi, pendant qu'il faisait sa partie de pêche à sec, toutes sortes d'idées lui passaient par la tête. Il trouvait soudain dérisoires ces anciens débats sur la

- Seuls au monde -

qualité des eaux de sa rivière : était-elle ceci, était-elle cela, avait-elle trop de nitrates, trop de pesticides, coulait-elle trop lentement, était-elle trop chaude ? Autant de questions qui l'avaient tourmenté autrefois et qu'il désespérait d'avoir à se poser à nouveau un jour.
Il se surprit en train d'adapter la chanson de Nougaro : « Il y avait une rivière et il n'y a plus rien, je me souviens que je pêchais… »
Il avait du mal à faire son deuil de la rivière. C'est difficile le deuil d'une rivière. Le souvenir de l'eau ne vous lâche pas comme ça. Ça gargouille, ça bruisse dans votre mémoire. On regarde les pierres sèches, le limon en poussière, on n'arrive pas à y croire. L'eau est partie sans laisser d'adresse. Evaporée, confisquée, arrachée à la passion que vous lui portiez. L'absence de l'eau vous panique. Elle dit ce que pourrait être l'absence de l'air. C'est de la vie qui est partie et vous, vous vous racontez une très vieille histoire, du temps où il y avait de l'eau et des poissons dedans.
Il finit par se dire que bientôt on visiterait les rivières comme aujourd'hui on visite le Parthénon. Un bout de pierre nous dirait ce qu'elles étaient, comment les poissons y vivaient. On imaginerait les chasses, les amours, les après-midi paresseuses occupées à gober les mouches de mai. Dès cet instant, il fut convaincu que la première qualité du pêcheur ne devait plus être le sens

- *Seuls au monde* -

de l'eau, mais l'imagination, il lui fallait apprendre à lire les sédiments. D'ailleurs c'était décidé, il abandonnait la pêche. Pour devenir le premier archéologue piscicole. À lui les arêtes de zébrées du précambrien, les hameçons en mandibules de poissons-chats, les écailles de *Thymallus néanderthalus*.

Il s'apprêtait à quitter pour toujours le théâtre en ruine de son bonheur passé, quand une voix l'interpella faiblement :

« Monsieur, hé, monsieur ! »

La voix venait d'un bosquet derrière lequel gisait l'unique flaque d'eau qu'il avait négligée.

« Oui monsieur, vous y êtes, je suis bien là, dans la flaque.

– ...

– Vous ne rêvez pas, je suis une truite et la seule truite à des kilomètres à la ronde. À moins qu'il y ait d'autres refuges de karst dans les parages. »

Le pêcheur se grattait la tête en s'interrogeant sur cette nouvelle hallucination. Mais la truite, qui était trop contente de croiser enfin un être vivant différent de ces larves qui la nourrissaient, ne se formalisa pas. Elle se disait qu'ils étaient seuls au monde et qu'il fallait tout faire – y compris les questions et les réponses – pour amadouer cette rencontre de la Providence.

« Vous ne me reconnaissez pas ?... Moi si, vous m'avez

- *Seuls au monde -*

attrapée et relâchée il n'y a pas si longtemps.
– ...
– À l'époque, on m'appelait la truite du Fonds.
– Le fond de quelle rivière ?
– Mais vous ne lisez pas les journaux ? Je suis la truite du Fonds d'indemnisation. Je suis venue pour vous sauver la dernière ouverture, après la sécheresse de l'année d'avant. C'était comme aujourd'hui, les scarabées traversaient à pied la gravière où je me suis installée deux mois plus tard. En juillet, des Hollandais ont même pris le lit de cette rivière pour un sentier de grande randonnée. À la place de l'eau, il y avait des petits cailloux et du sable, et à la place des poissons, leurs arêtes et leurs écailles. Enfin, il est possible que quelques truites aient échappé au coup de sirocco. Celles-là sont parties se faire indemniser ailleurs. Nous, pendant la sécheresse, on était plutôt bien dans notre pisciculture. Pour un peu, on aurait pris nos bacs en béton pour des baignoires de thalasso.
Bon c'est vrai, j'ai eu un peu de mal à m'adapter. D'abord ici, quand je suis arrivée, l'eau était revenue. Il y en avait même trop et qui courait dans tous les sens. Il n'y avait pas de murs, que des trous, des bosses, des bouts de ceci, des bouts de cela, je n'arrêtais pas de me cogner. Je comprenais pourquoi elles étaient zébrées, les autres, elles vivaient dans une râpe à fromage. Sans

compter que ce courant n'avait rien à voir avec mes bulles. Elles ne poussaient pas, elles, elles chatouillaient seulement. Le courant, lui, était lourd, difficile de lui échapper. Un coup, je faisais face, mais cela m'obligeait à pédaler, un coup je me laissais porter et je me retrouvais entre des bottes qui ressemblaient à celles du pisciculteur sans savoir qu'elles appartenaient à un type comme vous.
Et encore j'ai eu la chance d'être lâchée juste après une crue. On ne se rend pas compte à quel point cela peut vous prendre en traître, une crue. J'ai plusieurs copines qui faisaient partie d'un premier alevinage et qui se sont retrouvées dans un abreuvoir à bestiaux.
Et puis on s'est rencontré. Une mouche de mai nous a présentés et vous vous êtes conduit comme un gentleman : vous m'avez débarrassée de la mouche et remise à l'eau avec une délicatesse à laquelle les gars du coin ne m'avaient pas habituée. Tandis que, quand je suis arrivée dans le trou d'où je vous parle aujourd'hui, ça vibrait comme quand le gros Marcel passait sur la passerelle pour nous apporter à manger. Ça vibrait même comme s'il y avait eu plusieurs gros Marcel, des dizaines de gros Marcel. Et ça tombait bien parce que j'avais un petit creux ; on pourrait même dire une grosse fringale. Depuis trois jours que j'étais là, je n'avais pas avalé grand chose. Tout juste un peu d'eau

sale et pas le plus petit bout de tripe, ni le moindre granulé à se mettre sous la dent. Et puis, j'ai décidé de mettre le nez à la fenêtre, avec tous les Marcel qui passaient, il y aurait peut-être quelque chose à manger. J'ai commencé par un truc argenté qui tournait sur lui-même : pas comestible. Ou alors pas décongelé. J'ai essayé plusieurs autres objets non identifiés qui se sont révélés immangeables, voire dangereux. Le pire étant un vrai faux vairon que je pensais mordre et qui m'a mordu. Il me tirait vers la surface. Et moi je n'étais pas d'accord, je commençais à peine à me faire à ma râpe à fromage, on n'allait pas encore me changer de bassin. Ou alors après déjeuner. Je résistai, je me cabrai, je freinai de mes deux moignons, je ruai dans les branchages. Vite, le piquet, là. Oui, celui qui est derrière vous dans les herbes. Il y en avait de la flotte, monsieur… Je tournai autour. Sauvée ou presque. Maintenant, c'était le piquet qui travaillait. Tiendrait, tiendrait pas. Le piquet a tenu, c'était de l'acacia. ça ne lâche pas comme ça, c'est solide l'acacia. C'est du piquet à clôture, du piquet à gratter le cul des vaches, comme me l'a raconté ma grand-mère dont la grand-mère avait vécu dans une ferme au Danemark.

En fait, c'est la ficelle qui a cassé d'un côté et ma mandibule qui a lâché de l'autre. Cela m'a fait très mal sur le coup. Tout se paye. Surtout la liberté. »

- Seuls au monde -

La truite s'arrêta un instant, sans doute consciente du caractère brouillon de son discours. Puis elle reprit :
« Un beau jour, l'eau s'est mise à baisser, et je n'ai plus vu personne. Et l'ennui s'est installé, en même temps qu'un silence de mort, seulement interrompu le soir par le grondement des pompes qui nous confisquaient l'eau pour la donner au maïs. C'était il y a peu de temps, quelques semaines après notre rencontre. Mais vous deviez être en voyage.
Au début, je n'étais pas seule. Un banc de vairons et quelques vandoises avaient aussi trouvé refuge dans la caverne d'où je vous parle aujourd'hui. J'ai tout fait pour qu'ils soient le plus longtemps possible avec moi, m'obligeant à ne grignoter qu'un vairon de temps en temps quand la faim m'y forçait. Mais une gourde de vandoise nous a fait repérer par le héron et lui s'est chargé d'éclaircir les rangs. On ne le découvrait que lorsque les lames de son bec déchiraient la surface de la flaque. Et croyez-moi, il ne faisait pas le voyage pour rien. Ça voit clair un héron, même au travers des reflets, et sans polaroïds. Il avait vite compris que sous la flaque il y avait une grotte. Il lui suffisait d'attendre que l'on mette le nez à la fenêtre.
En quelques jours, notre petite communauté a diminué de moitié. J'ai moi-même été attrapée, j'en garde un gros trou dans la queue. Du coup, j'ai décidé de

- Seuls au monde -

manger plus vite que lui. J'ai commencé par les vairons, que j'ai liquidés la mort dans l'âme, en trois jours. Puis je suis passée aux vandoises, avec lesquelles j'ai eu plus de mal (c'est plus dur à engloutir). Au héron, je n'ai laissé que la plus grosse du troupeau que je n'aurais, de toutes façons, pas pu avaler. Quand il a eu son lot, après que j'ai eu englouti ma dernière compagne, je me suis installée derrière cette grosse pierre que vous ne voyez pas et j'ai fait une énorme sieste digestive. Et depuis, je m'ennuie. Aujourd'hui, il n'y a plus rien que cette flaque où vous me trouvez. Je suis contente de vous avoir rencontré, ça m'a permis de faire un brin de causette. Mais j'imagine que vous n'allez pas tarder à partir et j'ai peu de chance que vous reveniez un jour... Oh l'eau, elle, reviendra avec l'hiver, et avec elle, les illusionnistes du Fonds d'indemnisation... »
Et la truite se tut définitivement. Le pêcheur ne l'entendit plus jamais, ni pendant les longues minutes qu'il passa à observer la surface lisse de la flaque, ni aux printemps suivant quand il revint, un peu grâce à elle, présenter ses hommages aux nouvelles pensionnaires du Fonds d'indemnisation.

L'ouverture racontée par une truite

– Moi je vous le dis : c'est pour demain.
– Comment je le sais ?
– Facile : le camion du Marcel est passé il y a trois jours. Et depuis dix ans, il passe toujours au même moment. Trois jours avant l'ouverture. Je sais que c'est lui parce qu'il fait toujours craquer la seconde en entrant sur le pont et que dès que le Berliet a fini de se racler la gorge c'est au tour de la 2 CV du garde et de l'Ami 6 du maire d'en faire autant. Et puis il ne se passe pas trois minutes avant que le contenu du premier seau nous tombe sur la gueule.
Ils appellent ça un alevinage. Ils feraient mieux de parler d'un déplacement de populations. Sans commissaire aux réfugiés, ni assistance de la Croix-Rouge. On nous balance tout ça comme on vide un pot de chambre, en regardant à gauche et à droite pour s'assurer qu'il n'y a pas de témoins. Et tout arrive en vrac, queue par-dessus tête, les truites avec les truites, les saumons de fontaine avec les saumons de fontaine,

- L'ouverture racontée par une truite -

au hasard des tournées, dans le désordre et la panique. Les pauvres bêtes nous font de la peine, manifestement elles ne comprennent pas ce qui leur arrive. Hier encore elles marsouinaient dans des bassins olympiques, se goinfraient de granulés et se râpaient les nageoires comme d'autres se font les ongles. Et voilà qu'on les lâche dans une rivière tourmentée où toutes les bonnes places sont prises, où le courant va dans tous les sens et où elles comprennent vite que plus personne ne leur apportera le petit-déjeuner au lit.

C'est d'ailleurs cette prise de conscience rapide qui va provoquer leur perte, dès le lendemain, quand, ayant réappris à nager pendant la nuit, elles se rueront pour être les premières sur les appâts des pêcheurs. Voilà pourquoi j'adore les jours d'ouverture. J'y suis au spectacle, du bon côté du rideau, pour voir les truites, dites de cirque, faire leur numéro.

J'applaudis pour commencer le défilé des pêcheurs, leurs cannes à pêche astiquées comme des cartables un jour de rentrée, les leurres brillants et les espoirs tout neufs. Je ne raterais ce jour pour rien au monde. Après cinq mois d'ennui tranquille, de belotes avec les ragondins et de ballades solitaires en attendant le retour des jeunettes qui sont parties frayer dans le ruisseau voisin, cela fait du bien de voir du monde, beaucoup de monde. Comme si la saison commençait par les soldes.

- *L'ouverture racontée par une truite* -

Vous en conviendrez, il n'est pas fréquent que l'on raconte ce premier jour de pêche depuis ce côté-ci de la berge. Pourtant je suis tout aussi fondée que quiconque à le faire. Et même un peu plus que ceux qui en parlent d'ordinaire. C'est chez moi que cela se passe vraiment, que se nouent les rencontres, que surviennent les drames. Eux, là-haut, ne sont que des marionnettistes aveugles dont nous guidons les fils vers les danoises, cousines lointaines qui s'invitent ce jour-là sur nos souches. Les gros points rouges et les manières de touristes de ces parentes nordiques, leurs tenues trop voyantes et cette hystérie étrange qui les fait se jeter sur n'importe quoi, finissent par emporter notre bonne humeur, nous les zébrées discrètes, les farios de pays.
Et puis l'enthousiasme des nouveaux pêcheurs me réjouit. Pour certains c'est d'ailleurs chaque année la première fois. Ils ont une façon toute particulière de claquer la porte de la voiture, à l'entrée du pré, un claquement nerveux, que l'on aurait voulu furtif, mais le temps a manqué. En général, ils franchissent les derniers mètres au pas de course dans l'obscurité finissante, puis s'arrêtent la truffe à l'air quand leur parvient l'odeur caractéristique de la rivière et son murmure qu'ils avaient oubliés. Les plus curieux tentent d'apercevoir le flot. Les autres préfèrent vérifier

- L'ouverture racontée par une truite -

que tout est là, la canne montée, la ligne en place, ils savent que le lever du jour leur montrera bientôt ce qu'ils sont venus chercher.

De leur côté, la berge prend des allures de boulevard, ils déambulent et papotent gentiment, prennent des nouvelles des absents, de ceux à qui c'est le tour d'être pris par les vers. Parfois, ils se penchent vers nous, interrogent le flot, spéculent sur notre présence. Comme s'ils ne savaient pas, au kilo près, ce que leur société a déversé de nageoires râpées la semaine précédente.

Et il est moins une. Et tous les leurres nous tombent dessus en même temps. Et j'évite une cuiller, me défile devant un poisson nageur, un ver me frôle. Voilà c'est parti. Ils ont tiré sans sommation, comme d'habitude une minute avant l'heure. Je gagne mon poste d'observation dans les racines du saule. J'y serai à l'abri, seulement attentive à ne pas prendre un vairon casqué sur la tête. Déjà, l'eau bouillonne des rushs des premières victimes. Les arcs se tortillent comme des danseuses du ventre débutantes. Elles font de leur mieux pour assurer le spectacle, mais savent bien qu'elles ne sont là qu'en vedettes américaines, en attendant les stars, au cas où les stars ne viendraient pas. Et moi je vous garantis que les stars (sauf accident) ne viendront pas. Parole de star.

- L'ouverture racontée par une truite -

Le bal a commencé. La salle brille des mille éclats des engins qui la traversent. Le chaloupé des montures vaironnées, la danse lascive des ondulantes, le merengué des Rapala patauds, les œillades lubriques des cuillers à pois, les saccades aguicheuses des Yozuri à billes. Le ciel de notre cave est une féerie soudaine, comme un cadeau de Noël que l'on nous ferait en mars. Bien rangées dans le courant, les nouvelles attendent le bon plan, le leurre séducteur, quelque chose qu'elles n'ont jamais vu à la pisciculture sur quoi elle se jetteront comme Emma Bovary sur Rodolphe. Devant, il y a les arcs qui roulent des mécaniques, juste derrière sont les farios manches courtes qui préfèrent attendre l'heure de la distribution des granulés alors qu'elles savent que le pisciculteur ne passera plus (on ne l'a pas vu hier, ni le jour d'avant). Enfin, en troisième rideau, blottis les uns contre les autres, les saumons de fontaine jouent les timides. Il faudrait qu'un seul se lance – et tous iraient derrière – mais voilà, aucun ne veut commencer. C'est toujours comme ça les jours d'ouverture, une rentrée des classes : réservée mais fébrile.
La couleur vient avec le jour. On va enfin découvrir nos visiteurs. Certains ne se montreront qu'aujourd'hui. D'autres feront semblant de se désintéresser du sujet. Ils sont en visite, tout cela ne les concerne pas vraiment. Quelques-uns plient sous le poids du

- L'ouverture racontée par une truite -

congélateur qu'ils portent dans la tête. Ils parlent peu, se concentrent sur le miroir liquide, cible de leur fringale. Un petit passage en bordure de courant, un relâcher dans l'amorti, un coup de poignet : panier. Nous savons, nous les anciennes, ce qui restera ce soir de ces retrouvailles annuelles, quand toutes les débutantes auront payé leur dîme à la paix des radiers et que les vaillants petits soldats de l'ouverture auront quitté nos berges pour d'autres rivages en forme de tabourets de bar, où chaque instant de cette journée alimentera la fresque épique des conteurs de comptoir.

Une fois seulement j'ai été accrochée. J'étais jeune, je ne savais pas. Le lombric était beau. Il m'a piquée. Le bonhomme avait de grosses mains mais assez délicates pour m'ôter l'hameçon sans me blesser et assez d'honnêteté pour me relâcher. Depuis, je me goinfre les veilles d'ouverture et digère les jours suivants. Au contraire des nouvelles qui tordent le nez sur tout ce que la rivière leur propose quand elles arrivent et découvrent ce jour-là qu'il leur faut mourir de faim.

Enfin, heureusement qu'elles sont là. Grâce à ces petites poulettes à manches courtes, les autres là-haut en auront pour leur argent. Et un peu pour leur plaisir. Sur le moment, ils croiront à une affaire, cela tirera vaillamment, pas tout à fait sauvagement, mais assez pour dire qu'après tout c'était sans doute une sauvage,

- L'ouverture racontée par une truite -

ou une cousine de sauvage, ou une qui avait été à l'école avec une sauvage. Ce sont pourtant elles les stars de la journée. Elles qui feront le spectacle, elles qui en donneront pour leur argent à ceux qui ont payé. Que serait la pêche sans les truites de bassine ? un loisir démodé, un défilé d'anciens combattants, le rendez-vous de toutes les nostalgies. Au lieu de quoi nos cousines nées sous X nous assurent un minimum de notoriété. Elles nous font passer dans le 13 heures et grâce à elles, une fois l'an, les hommes se souviennent qu'au milieu de leur vie coule encore une rivière.

Et nous les vrais sauvages, on ne les démentira pas. Parce que c'est aussi grâce à eux qu'il reste un peu d'eau pour batifoler, que l'on est pas obligées de frayer dans les rigoles à maïs ou les abreuvoirs à bestiaux. On les aime bien nous les pêcheurs, surtout les jours d'ouverture quand cela ne risque pas grand chose, qu'ils défilent à plusieurs générations, le jeune avec le matériel de l'ancien, et l'ancien qui étrenne la canne au toc toute neuve, avec les témoins fluos et la conduite intérieure. C'est le temps de la nostalgie, du souvenir des ouvertures qui commençaient la veille à 20 heures devant un jeu de tarot et ne fermaient que le lendemain à l'appel de la dernière tournée.

« Allez, santé et à la prochaine ! On savait pêcher en ce

- L'ouverture racontée par une truite -

temps-là, monsieur, et il y avait du poisson, et des rivières, et moins de cons au bord de l'eau ! Notez, c'est pas pour vous que je dis ça, mais je ne sais pas si je reviendrai l'année prochaine. »
Rassurez-vous, il sera là, et l'année suivante et jusqu'à ce que la goutte, les rhumatismes ou la mort le privent d'ouverture, le plus tard possible, pour être jusqu'au

- L'ouverture racontée par une truite -

bout au rendez-vous des petits pêcheurs. Un rendez-vous que je ne raterai pas non plus, malgré mon âge, malgré mes douleurs et la maladresse de mes cinq livres ; à moins que, d'ici là, j'en rencontre un attelé derrière une mouche de mai, un sedge noctambule ou une fourmi mutine, et qu'il me prive, définitivement cette fois, de cette ouverture que j'aime tant.

Le dîner de truites

Ces six-là se retrouvaient depuis trente ans le soir de l'ouverture, en général le deuxième samedi de mars pour un dîner de truites. En trente ans, ils n'avaient presque jamais manqué ce rendez-vous et ceux qui avaient cessé de venir n'étaient pas partis ailleurs qu'au cimetière. Le dîner de truites était un moment important de leur vie, comme le dîner du tarot, celui de la chasse ou celui des boules. C'était un dîner d'hommes, à la bonne franquette, où chacun apportait sa bouteille et ses bonnes histoires, où l'on mangeait ce qu'on avait pêché durant la journée, et où, miraculeusement, la matière du plat principal n'avait jamais fait défaut.

D'une année à l'autre, les choses se passaient à peu près de la même façon : chacun pêchait où bon lui semblait pendant la journée. C'est à peine si quelques-uns se croisaient sur la rivière qui était grande et très fréquentée ce jour-là. Et quand il leur arrivait de se retrouver au bord de l'eau, ils évitaient soigneusement de se parler de la pêche et de ses résultats. Ils arrivaient donc au rendez-vous, que la plupart avaient d'ailleurs

- *Le dîner de truites* -

attendu au comptoir des bistrots, sans savoir ce que la journée avait donné pour les autres. La coutume voulait qu'on saluât le maître des lieux avant d'aller déverser sa pêche – vidée – dans l'évier de la cuisine. Commençaient alors les échanges de civilité, le récit de ce que l'année écoulée avait produit de racontable, les nouvelles des uns et des autres, vivants, malades et morts, ainsi que la chronique des petites et des grandes fâcheries. Un autre rituel était que l'on ne parlait des truites qu'en leur présence. L'évocation des pêches anciennes, les exploits de la saison passée mais aussi les bonnes affaires, les bons vins, les gueuletons dont ils s'étaient souvenus, servaient d'amuse-bouche entre apéritif et hors d'œuvres.

Un silence vaguement solennel accompagnait l'entrée en scène de ces dames. Elles arrivaient dans un grand plat de métal argenté, harmonieusement disposées, cernées d'une haie de citrons qui servaient d'écrin à leur dernière parure. Celui qui les avait cuisinées, poêlées au beurre puis déglacées au vin jaune, les portait maintenant avec la déférence que l'on réserve aux mets destinés à la table royale. Ce cuisinier était toujours le même, d'une ouverture à l'autre, non qu'il fût un cuisinier indiscutable (il les faisait un peu trop cuire aux dires du maître de maison), mais le bénéfice de cette rente de situation lui venait d'une absence totale de concurrence.

- *Le dîner de truites* -

La dépose du plat sur la table donnait le signal du début de la conversation qui, bien sûr, ne porterait plus maintenant que sur celles auxquelles on faisait le tragique honneur de ce dîner. Les premiers commentaires étaient prudents presque gênés, en tout cas respectueux de ces trophées abandonnés un soir de mars sur ce radier de métal brûlant, incapables de remonter cet ultime courant de beurre fondu.

Une tradition, encore une, était qu'on laissait au plus ancien l'honneur de raconter le premier sa journée d'ouverture. Et celui-là ne se gênait pas depuis la dizaine d'années qu'il était doyen de leur servir le même genre d'histoires, avec les mêmes détails, les mêmes effets de surprise, à croire que les truites, aussi, étaient celles de l'année dernière.

Il avait commencé à la vaironnée, par le grand trou derrière la cabane à charbon. Il y avait touché son premier poisson qui s'était décroché. Sa deuxième touche avait été la bonne. Une truite splendide, en tête du radier qui s'était appuyée sur le courant pour se battre, faisant chanter le frein de son moulinet et dévalant le courant jusqu'à cette grosse roche où il avait bien fallu la suivre au risque de se remplir les cuissardes. Heureusement elle était bien là, sur le côté du plat, elle tenait sa place avec ses trente-huit centimètres et sa gueule de bécard agressif.

- *Le dîner de truites* -

« Menteur ! »
L'accusation avait jailli, très distinctement pendant un silence. Faiblement mais distinctement. Elle venait du plat.
« Sacré menteur ! que le diable m'emporte si tu m'as attrapée où tu le dis... »
Aucun des convives n'avait entendu. La truite poursuivit pour ses sœurs :
« Quand j'ai vu cet homme pour la première fois, je prenais un bain de glace au rayon poissons d'une grande surface. C'est tout ce que j'ai vu de ce pays. D'où je viens, les hommes ne parlent qu'allemand. C'est d'ailleurs sur la balance de cette grande surface que j'ai rencontré la grande, au milieu du plat.
– Oui, c'est vrai, confirma la grande, elle dit la vérité. D'ailleurs, moi je suis bretonne, je n'ai rien à voir non plus avec la région. »
À l'étage au-dessus, on n'avait toujours rien entendu. Le maître de maison s'apprêtait à servir. Un autre convive, en tendant son assiette décida que son tour était venu de leur conter ses exploits. Il choisit un registre modeste. Oui, cela avait bien marché, oui il en avait pris plus d'une quinzaine, n'en conservant que cinq, dont la toute belle, là au centre du plat. Des poissons superbes, tous sauvages, qu'il avait été étonné de trouver dehors alors que l'hiver n'était pas terminé.

- Le dîner de truites -

Des poissons précoces et vigoureux aussi, surtout la zébrée qu'ils avaient sous les yeux. Enfin on ne voyait plus les zébrures, avec ce froid... mais zébrures il y avait quand elle se battait avec l'énergie du désespoir pour se débarrasser du vairon mort qui l'empêchait de regagner sa souche. Des poissons comme celui-là, il en avait rarement capturés à l'ouverture. Tout vivants !
« Menteur ! murmura l'ex-zébrée. Les seules zébrures de ma robe, je les dois aux tresses de ton panier d'osier, où tu nous as jetées, mes sœurs et moi quand tu es sorti de la pisciculture. "Vivantes" tu peux dire qu'on l'était puisque tu as interdit au Marcel de nous achever pour qu'on vienne bien mourir dans ton panier. Menteur, sale menteur ! »
Tous les convives étaient maintenant servis et les premiers commençaient à manger. Le procès continua dans les assiettes. Mais les pêcheurs n'entendaient pas les truites et continuaient de raconter cette journée – peut-être la plus importante de l'année – que pas un n'avait ratée.

« Moi, comme vous le savez, je ne pêche qu'à la mouche (et il insistait bien sur le "mouche" pour que chacun s'en souvienne). Et bien ce matin, c'était pas évident, les eaux étaient légèrement mâchées.

- *Le dîner de truites -*

– ...Du thé au lait, corrigea le plat.
– Et bien, j'ai eu la chance de trouver un endroit pêchable à l'embouchure du Ninon. Et il y avait celle-là (qu'il désignait en montrant le plat), dont la tête dépassait d'une cave et que j'ai pu décider à prendre ma nymphe après quelques passages. Une belle zébrée, elle aussi...
– *Llogner* (menteur), dit-elle en danois.
– *Le faugende mig med en gaffel*, (il m'a pêchée à la fourchette).
Et elle ajouta en français :
– Avec l'aide du petit manouche ».

Ainsi, chacun avait droit à sa mise au point qui dénonçait le genre d'artifices auxquels il avait eu recours pour échapper à la bredouille et honorer ainsi le contrat tacite qui depuis trente ans les réunissait autour de cette table. Il y avait celui qui avait commandé des truites au restaurant à midi mais les avait voulues vivantes. Il y avait celui qui avait convaincu un pêcheur plus heureux, de lui céder quelques poissons en échange d'une juste rémunération.
Le maître des lieux, comme chaque année, parla en dernier, alors que ne restait plus dans les assiettes qu'un écheveau d'arêtes surmonté des têtes courroucées des pauvres truites que leur déchéance

- *Le dîner de truites* -

présente n'avait pas réduites au silence. Il mentit comme les autres, inventant une splendide histoire de truites gobeuses sous les branches, situation invraisemblable en cette saison. Et comme les autres, il reçut le démenti cinglant de deux spécimens qu'il avait capturés avec son épuisette, dans la flaque où la décrue avait abandonné ces victimes d'un alevinage approximatif.

« Menteur ! crièrent une dernière fois les arêtes ».
On lui fit pourtant un triomphe. Son histoire était belle, le vin blanc contribuait à l'enthousiasme général. Et puis c'était le maître des lieux. Il se leva pour mieux goûter les fruits de son triomphe. Se racla la gorge comme s'il voulait parler. Se la racla un peu plus fort, comme pour réclamer le silence autour de la table. Ce qu'il obtint sans difficulté. Mais ce n'est qu'à la fin du troisième raclement de gorge, quand il devint tout rouge, puis carrément violet, que les autres comprirent qu'il était en train de s'étouffer.
C'était trop tard. Le médecin des urgences ne put que constater le décès, en retirant délicatement à la pince clamp, la très jolie arête qu'il avait, plantée dans l'œsophage.

La belle au bois d'Ornans

Connaissez-vous beaucoup de rivières de France où, avant le début du coup du soir, cinq truites somptueuses, entre une et quatre livres, viennent ramasser sous votre canne les mouches de mai comme on cueille les cerises à la fin du printemps ? Moi, j'en connais une que vous connaissez aussi, mais que, comme moi, vous n'aviez peut-être pas fréquentée depuis un moment. Cette merveille, ce jardin d'Eden, c'est la Loue, à Maisières, dans la banlieue d'Ornans, où la scène se déroule un soir de juin. Elles sont zébrées, elles sont grasses, elles ont l'air de très bonne humeur et nos mouches de mai ne les intéressent pas. Je ne suis d'ailleurs pas sûr qu'elles ne prennent, comme le disent parfois les bons auteurs, que les mouches qui bougent. En fait, il me semble plutôt qu'elles ne s'intéressent qu'à celles qui battent de l'aile droite. Comme si elles voulaient nous prévenir avec trois jours d'avance de l'issue des élections européennes du dimanche qui vient.

J'aurai du mal, le surlendemain, à m'arracher à la caresse de ces eaux inspirées pour m'en retourner à

- La belle au bois d'Ornans -

Paris accomplir mon devoir électoral. La Loue est une maîtresse qu'il est dur de quitter. Cela Gustave Courbet l'avait compris le premier, sa peinture l'exprime sans équivoque : entre *Les Sources de la Loue* et *L'Origine du monde*, les analogies sont frappantes, même intimité, même émotion pour ces deux toiles que les experts n'hésitent pas à rapprocher tant la grotte d'où jaillit la rivière ressemble au sexe de cette femme qui accueille les visiteurs du musée d'Orsay.

La Loue est effectivement une rivière très sensuelle, à l'inverse du Doubs à Goumois qui se contente de passer des murs de sapin en revue. La Loue de monsieur Courbet, trace son chemin dans un décor tout en rondeurs et mamelons qu'évoquent encore quelques-unes des toiles les plus sexy du maître d'Ornans comme *La Femme au perroquet, Le Sommeil* ou *Nue sur la plage*. Cette sensualité que semble partager tout ce qui vit et bouge dans cette rivière, herbiers langoureux, truites aux robes soyeuses, éphémères diaphanes et jusqu'à ces deux ayottes (*Dinocras* céphalotes) qui avaient ce jour-là, choisi les spires de ma soie déployée dans un courant nonchalant pour y faire des galipettes. Ces deux-là se sentaient tout à fait bien sur leur Dunlopillo liquide, inspirées par les lieux, inspirées par le temps, inspirées par l'histoire de cette curiosité karstique qu'il conviendrait de classer d'urgence au patri-

- *La belle au bois d'Ornans* -

moine de l'humanité. La Loue contribue à la magie de son pays, de sa région, des villages qu'elle traverse ; c'est une rivière précieuse, insaisissable dont l'histoire récente commence par une brève de comptoir, se poursuit en conte de fée et finit dans une maison de correction.

La brève de comptoir se raconte le mardi 13 août 1901 sur le coup de midi – à l'époque le no-kill n'était pas de mise – devant le zinc d'un bistrot d'Ornans.

« – Vous savez ce qui m'arrive ?
– …
– L'Yvette est rentrée bourrée du Lavoir…
– Tu déconnes…
– Y a une murri qui avait mis du Pernod dans la flotte. Tout son linge sent l'absinthe…
– Pas mal… tu vas faire des économies… »

La Loue est verte. Truites, écrevisses, mouches et vairons font des loopings. En fait, c'est à Pontarlier qu'a été payée la tournée.

Deux jours plus tôt, la foudre a mis le feu à l'usine d'absinthe. Prudent, un employé a ouvert les vannes et le "Pont" est parti dans le Doubs. N'écoutant que leur courage, des passants ont plongé pour pomper, au péril de leur vie, ce qui pouvait l'être, des soldats en ont rempli leurs casques. Mais les cuves étaient pleines et l'apéro est parti au fil de l'eau. Le voilà maintenant à

- *La belle au bois d'Ornans* -

Ornans où l'on se demande (*délirium tremens* ?) comment il a fait pour changer de rivière.

« Facile, répondent les scientifiques qui ne s'étaient aperçus de rien, s'il y a de l'absinthe dans la Loue, c'est que la Loue est une résurgence du Doubs. »

C'est beau la science. C'était la tournée du géologue. Sans cet alcootest, personne n'aurait jamais su que la Loue était une manière de fille prodigue qui aurait fait le mur parce qu'elle ne supportait plus les moins 35 degrés du plateau de Mouthe, qu'elle appréhendait les égouts de la Chaux-de-fond, le passage en usine du côté de Montbéliard, le défilé sous la citadelle de Besançon, le regard sévère de la collégiale de Dole et quelques autres joyeusetés qui font La Franche-Comté besogneuse et la Suisse calviniste, où coule le Doubs, fleuve de devoir. Au lieu de quoi, la voilà qui batifole au pied des falaises de Mouthier-Haute-Pierre, dévale joyeusement les cascades de Lods, prend la tangente par le bief de Vuillafans, sort de sa réserve à Montgesoye et fait une entrée triomphale, escortée quelques fois par les kayaks, dans les faubourgs d'Ornans, la Venise comtoise, avec ses maisons sur l'eau, ses passerelles élégantes, qu'elle quittera par la rue du miroir, en direction de Maisières, puis de Scey, où c'est son tour de tendre une glace au pêcheur.

- *La belle au bois d'Ornans* -

Le conte de fée passe ensuite par Cléron et son château, le temps d'un coup du soir digne de Cendrillon. À Chenecey-Buillon sont tirées les dernières fusées. Il serait temps de rentrer. Mais comment ? Le carosse perd sa première roue à Cessey. La deuxième à Quingey. À Port-Lesney, c'est devenu un panier à salade. En route pour la maison de correction. La fête est finie. La belle voit son cours rectifié. On l'enferme entre d'énormes pierres qui lui servent de rives et sont les murs de sa prison. À Parcey, elle n'est plus qu'une chasse d'eau que l'on tire au lieu-dit les Goubots, à l'endroit d'un ancien paradis, un royaume de centaines d'hectares de marais sauvagement asséchés par un gang d'aménageurs fous dont le crime est resté impuni. Malgré ce calvaire, la Loue est restée dans son cour supérieur la madone des rivières de ce pays. Y défiler un soir depuis le pont de Nahin jusqu'aux projecteurs de la passerelle de la place Courbet à Ornans est le rêve de toute mouche, qu'elle soit bien ou mal montée, peute ou belle de mars. Étaler cerques et tinsels dans la lumière blanche d'un crépuscule finissant avec l'espoir secret qu'une grande zébrée la remarquera pour faire d'elle une mouche d'épopée, digne de la chronique, de celles dont on fait les histoires de pêche.

La Loue est une rivière de maîtres, une muse qui inspire les conteurs. Ils y ont écrit les plus belles pages

- La belle au bois d'Ornans -

de leur légende, mis au point leurs meilleures mouches, capturé leurs plus gros poissons, vécu leurs aventures les plus incroyables. Connaissez-vous un seul bon pêcheur de la région qui n'ait pas une histoire à placer sur la Loue ? Il faut dire que les pensionnaires de ce théâtre français méritent bien tout le soin que pêcheurs et auteurs prennent à les raconter. Ah, les truites de la Loue ! Des dames, des princesses, des confidentes pour Courbet le révolté qui en fait les emblèmes de sa déprime lorsque la justice l'envoie derrière les barreaux et le condamne à payer la reconstruction de la colonne Vendôme. Les zébrées du peintre étaient de sacrés engins. Le regard tragique de celle qu'il peint chez ses amis Ordinaire à sa sortie de prison dit bien l'importance allégorique de ces poissons dans l'œuvre du maître.

Des truites comme celle-là, justement pêchée à Maisières, il s'en prenait pas mal chaque année à la ligne ou au filet. Chez les Sansonnens, dynastie de Cademène, plus connue dans la région que n'importe quel élu ou notable, on en recense au moins deux qui flirtaient avec les vingt livres. Et la Loue continue de produire des poissons d'exception, des gros (trois ou quatre de plus de quatre livres repérés en un week-end), des moyens, beaucoup de moyens et assez peu de petits qui, plus qu'ailleurs, ont intérêt à se planquer s'ils

- *La belle au bois d'Ornans* -

veulent devenir grands. La Loue est une des seules rivières que je connaisse où l'on peut prélever chaque année mille poissons sur certaines sections et les voir remplacés l'année d'après. Le lodge de la Piquette a par exemple été très largement pillé entre deux changements de propriétaire. Aux dires de ceux qui viennent d'y retourner, le parcours est à nouveau pavé de truites et d'ombres.

Et quand on se penche sur la réserve du pont de Montgesoye, on se dit que c'est sûrement là qu'a été tournée la scène de la multiplication des poissons. Plus sérieusement, c'est l'absence ou la rareté de concurrents comme les chevesnes, les hotus, les blagcons, voire les brochets, la qualité de l'habitat à base de tuf et la richesse entomologique de la rivière qui en expliquent la productivité.

Il y a de la mouche sur la Loue, beaucoup de mouches si on la compare à la plupart des autres cours d'eau de sa catégorie. Et ça gobe, toute la journée. Les éclosions se suivent à un rythme soutenu et les poissons se nourrissent sous et sur l'eau avec l'appétit de quelqu'un qui a pris l'apéro. La pêche dans la Loue est assez singulière. Cela tient au fait que les mouches sont au rendez-vous et, bien sûr, à la personnalité des truites. Depuis l'épisode Pernod, truites et ombres sont assez déjantées : d'abord elles viennent de partout. Comme

- La belle au bois d'Ornans -

ailleurs, le génie alevineur a fait que les zébrées y ont récupéré des points rouges. Mais quelques-unes sont encore plus incertaines : l'une d'elles s'est élevée devant nos yeux ébahis (ceux de Philippe Boisson et les miens) à trente centimètres au-dessus de l'eau, à la poursuite d'une mouche de mai qu'elle a finalement ratée avant de prendre la mienne quelques secondes plus tard.

C'était un ancien alevin qui ne ressemblait à rien, vingt-cinq centimètres grisâtres, des manières de truite de mer, une robe d'arc-en-ciel, un regard de fario, bref une vraie truite de l'Assistance.

« Donne lui tout de même à boire » dit mon frère.

Et, suivant ce conseil inspiré par Hugo, je remis la truite à l'eau.

Cette folie, cette légèreté de l'être, on les retrouve dans le comportement des ombres qui nymphent sous les lampadaires en plein centre d'Ornans.

Ces lampadaires éclairent comme des projecteurs de cinéma la capitale française de la truite de rivière. Ornans mérite bien ce titre. Les références à dame fario ne manquent pas dans la ville, depuis celle, majestueuse, qui gobe au centre du premier rond-point (j'en connais qui rêvent de lui planter une mouche au coin des lèvres) jusqu'à celles et ceux, truites, ombres et

- La belle au bois d'Ornans -

mouches qui ornent les enseignes, étalonnent les horloges et servent même de porte-clés aux chambres de l'Hôtel de France, qui est l'incontournable rendez-vous des pêcheurs que le tourisme halieutique attire dans la ville.

L'Hôtel de France possède son propre parcours à Maisières où, vous l'avez compris, les poissons sont légion. Ils ont reçu une formation spéciale pour réserver aux clients un accueil à la hauteur de leurs espérances. Ce qui signifie qu'il peut arriver de se retrouver bredouille sur ces 1,8 kilomètre de rivière. Mais franchement, certains jours, il faut y mettre de la bonne volonté.

L'homme qui parlait aux truites

Bertrand Nobler perdit la parole un après-midi de mai 1982 à 16 h 45 précises, quand un client de son agence de communication lui demanda pour la sixième fois en l'espace d'une heure de lui préciser le sens du mot "posture" dans la "copy stratégie" qu'il présentait pour le lancement d'une couche-culotte. Il ne parla plus jamais à personne, pas plus à ses clients qui prirent cela pour un signe de grande confiance en soi – ce qui augmenta sa crédibilité – qu'à ses collègues que cela ne gêna pas outre mesure et encore moins à sa femme qui ne s'en aperçut même pas puisqu'elle parlait tout le temps. Bertrand Nobler fut silencieux dans tous les actes de la vie, qu'il s'agît d'acheter du pain, de demander son chemin ou de répondre aux questions d'un passant. Et dans son entourage, personne ne songeait à douter que cet homme autrefois fort bavard fût devenu muet.

Pourtant son entourage était dans l'erreur. Bertrand Nobler n'était pas muet pour tout le monde. Il aurait

- *L'homme qui parlait aux truites* -

suffi pour s'en convaincre de le suivre, un matin d'ouverture de la pêche, au bord de l'une de ses chères rivières franc-comtoises. Le rituel ne variait guère d'une année à l'autre : le silencieux quittait son bureau la veille vers 20 heures, enfournait son matériel dans le coffre d'une vieille Saab 900 S, et prenait l'autoroute après une rapide collation dans une brasserie de la porte d'Orléans. Quand tout se passait bien, il arrivait sur le parking de l'hôtel Gervais-Pape à Chennecey-Buillon vers 4 heures du matin, ce qui lui laissait deux bonnes heures pour préparer son matériel, fouiller dans ses boîtes, vérifier que ses têtes noires avaient fait bon voyage et que ses vairons n'avaient pas manqué d'air. À 6 heures, dès l'ouverture de l'hôtel, il achetait son permis, buvait un café-rhum et allait voir l'état de la Loue avant de décider à quoi il pêcherait. Alors seulement, le muet se harnachait avant de se diriger d'un pas lent mais décidé vers l'Île Madame. La Loue, cette année-là était "café au lait", résultat d'un coup de sang du Lison, son fantasque affluent. C'est donc équipé de sa grande canne au toc que Nobler prit position, peu avant 7 heures, en bordure d'une "retourne".
« À nous deux les filles... »
Un silence étonné et réprobateur suivit l'apostrophe du pêcheur. Car c'était bien le muet qui avait parlé. Bertrand Nobler venait de retrouver la parole. Comme

- *L'homme qui parlait aux truites* -

si toute cette eau qui défilait en gros bouillons à ses pieds avait fait sauter le bouchon qui empêchait les mots de sortir de sa gorge. Parler aux truites, même si c'était pour leur adresser toutes sortes de reproches parce qu'elles refusaient de gober, ou pire, si elles gobaient parce qu'elles ne s'intéressaient pas à sa mouche, était une attitude qu'il avait prise dès son plus jeune âge et que manifestement il n'avait pas perdu. Un observateur le voyant ainsi en train d'apostropher ce fleuve de boue aurait légitimement conclu à un cas de dérangement mental. Et il aurait eu tort. Car Bertrand parlait aux truites. Il parlait avec passion, avec dépit, avec amour. Parfois tendrement, parfois sous le coup de la colère. Mais il leur parlait toujours. Et n'était pas le seul à le faire.

Tout pêcheur s'est laissé aller à dire deux mots aux poissons, un jour ou l'autre de sa vie de pêcheur. C'est dans la nature des pêcheurs, qui n'est pas seulement de capturer, mais aussi d'établir le contact, de dialoguer, de comprendre ce que veut le poisson et de le lui donner. Ainsi, quand il pêchait au toc avec un gros ver au bout de sa ligne plombée, pêche de rustre, pêche de paysan qui veut améliorer son ordinaire, il adorait par-dessus tout ces sonnées, les fameux "toc, toc" que lui adressaient les truites. Elles semblaient lui dire :
« Coucou, pêcheur, dis donc, il est bon ton ver !

- *L'homme qui parlait aux truites* -

- Oui, oui, il n'est pas mauvais, t'en veux encore un peu ?
- Ah oui ! encore ! »
Et le dialogue continuait comme ça quelques instants jusqu'à ce que le salaud de pêcheur change de ton.
« Bon, ça suffit, t'as assez bouffé ! »
Et il mettait à la truite un grand coup de poignet dans la gueule, que celle-ci souvent avait vu venir et qui donc la faisait rigoler :
« Ah, Ah ! grand couillon, tu croyais piéger maman ? c'est moi qui t'ai eu… »
Toutes les truites ne parlaient pas de la même façon. Il y avait les brutes qui mettaient des grands coups de tête dans le fil, les impatientes dont les sonnées se faisaient pressantes parce que l'hameçon leur chatouillait déjà la langue, les distraites dont les tocs se reproduisaient à intervalles irréguliers, émis par quelqu'un qui a autre chose à faire, les amoureuses dont le signal résonnait en ondes langoureuses jusque dans son bras, les sûres d'elles qui mâchouillaient tranquillement sans s'occuper de lui, les très grosses qui bloquaient simplement le fil, les taquines qui entraînaient sa ligne dans quelque racine et les suicidaires qui avalaient d'un coup et s'enfuyaient dans un rush désespéré.
Ces conversations avec les truites le mettaient en joie. D'imaginer, à l'autre bout du fil, le poisson en train de faire son marché, puis de goûter le ver et enfin de

- *L'homme qui parlait aux truites* -

l'engamer une fois leur premier contact établi, valait pour lui tous les diplômes de langues orientales. Il avait le sentiment de communiquer avec des extra-terrestres, de parler une langue inaccessible aux autres humains. Cette grâce qui lui était faite de pouvoir échanger des messages avec des représentantes d'un autre genre que le sien était sans doute à l'origine de sa passion. Il aimait les truites parce qu'il savait leur parler :
« Toc, toc, toc, disaient les truites.
- Toc, toc, toc, entendait-il. »
Et cette musique était celle du bonheur.
À la mouche, le dialogue était différent. Plus subtil, plus construit. Il fallait d'abord trouver le terrain de la conversation, choisir la bonne imitation de ce que ces dames étaient en train de déguster, puis présenter l'artificielle avec assez de naturel pour qu'elle fasse illusion. Mais là encore, quelle émotion quand le poisson venait gober la mouche qu'il avait choisie ! C'était juste après le ferrage, quand la canne légère ployait sous les assauts du poisson furieux et que lui tentait d'évaluer le poids de la bête, qu'il comparait sa situation présente avec une foule d'autres moments qu'il n'aurait pas aimé vivre en lieu et place de celui-là. « On est mieux ici qu'au bureau, on est bien mieux ici que sur l'autoroute, on est tellement mieux ici qu'en train d'écouter l'autre abruti (ce n'était jamais le même). On est mieux

- *L'homme qui parlait aux truites* -

ici que dans tous les là-bas, à faire ça plutôt que des milliards d'autres choses. » Et ainsi de suite pendant que la truite tirait sur la soie, embarquait la réserve de fil, cerclait la canne et menaçait de tout casser. Et bien sûr, ces considérations n'étaient pas faites pour lui donner le goût de retrouver la parole en société.

Ainsi vécut Bertrand Nobler pendant bon nombre d'années, entre le babillage des truites et le silence qu'il imposait à ses contemporains. Et cette situation aurait pu durer jusqu'à sa mort si quelques moucheurs de sa connaissance n'avaient décidé, à la suite d'un repas de pêche un peu trop arrosé, de lui faire une farce. Alors qu'ils étaient mollement accoudés au balcon d'herbe d'un talus accueillant, ils l'avaient vu arriver canne en main, bien décidé à nouer contact avec les truites et les ombres du radier qui commençait au bas de ce joli talus. Bertrand Nobler n'ayant pas remarqué leur présence et les poissons se signalant surtout par leur absence, l'idée leur était venue de remplacer les gobages des truites par quelques lancers adroits de minuscules graviers censés faire mouches en lieu et place des vraies mouches.

Un léger frémissement du pêcheur suivit le premier rond dans l'eau, au deuxième, il toussota, au troisième, on sentit son excitation monter pendant qu'il changeait de mouche. Il ne se mit à parler qu'au cinquième. Trois

- *L'homme qui parlait aux truites* -

fois rien pour commencer : une manière de grognement affectueux qui pouvait signifier :
« Coucou, je suis là ! »
Bientôt suivi d'un « allez, ma toute belle ! » qui laissa les faiseurs de ronds bouche bée. Au huitième, il implorait :
« Viens, ma petite chérie, viens... » puis, « Allez, monte, tu vas monter salope ! »
Les lanceurs n'osaient plus s'arrêter, ils lançaient mécaniquement, de plus en plus vite, partagés entre la surprise d'avoir rendu la parole au muet et la crainte d'être découverts.
Jusqu'à ce que le plus maladroit envoie un caillou un peu plus gros que les autres directement sur la tête de Nobler qui en glissa dans l'eau de surprise, s'empêtra dans les longues herbes du radier et roula par maladresse ou par dépit au fond d'un grand trou voisin, où il disparut à jamais. Bertrand Nobler ne parlerait plus à qui que ce soit d'autre qu'aux truites.

L'homme pressé

C'est l'histoire d'un petit homme plutôt calme et posé qui prenait son temps dans la vie mais se mettait à courir dès qu'il arrivait à la pêche. Il était parisien, mais avait ses habitudes sur les rivières de Franche-Comté, où l'on pouvait le voir se hâter de mars à janvier. Le petit homme était un pêcheur pressé qui prétendait appliquer son empressement à toutes sortes de poissons, des plus petits au plus gros.

Pour lui, qu'ils soient truites, ombres, sandres, perches ou brochets, tous se devaient d'être capturés de la même façon, à la hussarde sans trop réfléchir, ni tergiverser.

« Sitôt vu, sitôt pris », était la devise qu'il croyait pouvoir faire sienne. Sans admettre que sa méthode était à la fois expéditive et tout à fait infructueuse. Au point que la plupart des pensionnaires de la Loue, du Doubs, du Cusancin ou du Dessoubre, les plus gros comme les plus petits n'appréciaient que rarement de découvrir le plancher des vaches en sa compagnie.

Le petit homme avait des circonstances atténuantes.

- *L'homme pressé* -

Toujours les mêmes : il avait trop rêvé ces retrouvailles avec la rivière, au bureau dans des réunions sans intérêt, à la maison en descendant les poubelles, ou en s'endormant devant la télé, qu'il était comme ces amants impatients qui trébuchent dans l'escalier : la précipitation l'empêchait d'être au rendez-vous de sa passion.

Du coup, le petit film qu'il s'était repassé cent fois dans la tête, celui de la truite impossible, avec son minuscule gobage sous la branche, son lancer en roulé parfait et la French noire qui passe au millimètre et disparaît dans la gueule du monstre, toujours le même monstre, virait au cauchemar dès qu'il s'agissait de le tourner pour de vrai.

Presque toutes les versions relevaient sans contestation possible du registre comique, mais on riait toujours à ses dépens et il aurait même pu arriver quelquefois que cela se termine mal.

Version 1 : pour ne pas perdre de temps, il a monté sa canne et sa ligne pendant qu'il courait vers la rivière. Et maintenant la soie refuse de fuser parce qu'il a oublié de la passer dans deux ou trois anneaux.

Version 2 : il a fait si vite que le scion était encore dans la porte de la voiture quand il a claqué la portière.

Version 3 : il était fin prêt, mais a juste oublié de serrer le frein à main de la voiture qui, du coup, tient

- *L'homme pressé* -

absolument à l'accompagner au bord de l'eau et peut-être même plus loin.
Des versions comme ces trois-là, il y en avait beaucoup d'autres. Il lui arrivait même de se les passer en boucle quand le découragement le gagnait. Et il étendait l'inventaire de sa déprime à la généralité de tout ce qu'il était capable de rater : une sauce, une requête, une idylle, un créneau. Et le petit homme faisait ce constat amer qu'à défaut de vivre, il gâchait. Passant à côté du meilleur par gloutonnerie de la vie. Tout ce qu'il entreprenait, la pêche comme le reste, il l'exécutait avec la sensualité d'une tondeuse à gazon, l'impatience du chronomètre, se rendant compte après coup, et donc trop tard, que se ruer vers la truitelle qui gobe à l'autre bout du radier vous condamne à marcher sur la mémère qui nymphe à vos pieds.
Il avait pourtant connu des pêcheurs à la fois pressés et efficaces. Deux plus particulièrement, qui étaient de la génération des pêcheurs professionnels condamnés à pêcher le plus vite possible pour les besoins du commerce. Mémé Devaux était en train d'effectuer son premier faux lancer quand vous en étiez encore à vous demander quelle jambe du wader vous alliez enfiler en premier. Il l'avait ainsi vu prendre dix truites en dix minutes histoire de leur montrer, à lui et à un journaliste de passage, à quel genre d'artiste ils avaient affaire.

- *L'homme pressé* -

Puis, considérant que cette dizaine suffisait à la démonstration, le magicien de Champagnole avait replié sa gaule jusqu'à l'heure de l'apéro. Dans le genre « je dégaine plus vite que l'éclair », Henri Bresson et ses cuissardes de meneuse de revue n'étaient pas mal non plus. Il impressionnait son monde par cette aptitude à aller plus vite que son ombre sans mettre le poisson en fuite. Il se souvenait ainsi d'une partie de pêche sur le haut Ognon, une fin de mois d'août, où les dorsales des truites traçaient leur sillage de stress à la surface d'une couche d'eau ridicule. Bresson lui avait prouvé ce jour-là qu'il était même capable d'approcher du poisson dans une flaque.
Mais ces deux-là étaient vraiment l'exception. Tous les autres grands pêcheurs qu'il fréquentait étaient plutôt du genre à attendre les grosses pièces autant de temps qu'en requérait leur capture. Il les entendait se gausser de ces collectionneurs de truitelles qui comptaient les poissons comme on enfile les perles. Eux ne vivaient que pour la pièce unique, celle que l'on attend des mois et que l'on regrette des années. Et les surnoms qu'ils avaient gagnés à cette école de patience – "le Tronc", "le Tuf", "le Bâton" – témoignaient de leur capacité à se fondre dans le décor de la traque.
Hélas, leur pêche n'était pas pour lui. Vous imaginez faire six heures de route pour se transformer en lichen.

- *L'homme pressé* -

Lui était pressé par nature et par obligation. Il ne pouvait perdre de temps à attendre un improbable poisson trophée qu'il se pressentait incapable de maîtriser. Et puis vint le miracle. Il arpentait sans conviction la rive suisse de Goumois à la recherche d'un gobage, quand, au lieu-dit La Place à Charbon, il lui sembla voir un remous en bordure de retourne. Il était à la fin de sa semaine de pêche et ses échecs successifs faisaient qu'il courait un peu moins et avait pu apercevoir le mouvement de ce qui s'avéra être une très grosse truite.

Il ne se souvenait pas d'avoir vu un poisson aussi gros, sauf peut-être dans la réserve du gave à Lourdes. Sa truite était à la fois très longue et très large avec une tête bien proportionnée et une gueule dans laquelle aurait pu entrer une bouteille de Romanée.

Une manière de petit miracle fit qu'il parvint à prendre place sur un rocher à peu près stable sans éveiller l'attention du poisson. Que faire maintenant ? Il essaya de repenser aux conseils généreusement distribués lors des longues soirées d'après coup du soir, des conseils qu'il avait entendus mille fois, mais dont il était incapable de se souvenir tant il ne pensait pas avoir à s'en servir. Dans un demi-brouillard lui revint pourtant cette recommandation de Jérémie Dujonc, alias le Tronc :

« Si tu bouges une oreille, la truite se barre et tu la revois dans douze mois. Ne respire pas, ne te mouche pas, pense que tu es la Victoire de Samothrace. Et surtout, attends bien qu'elle ait le dos tourné pour poser ta mouche. »
Les paroles du Tronc tournaient dans sa tête beaucoup plus vite que la truite qui, elle, prenait son temps, ouvrant parfois la gueule pour y engloutir une nymphe, ou bayant seulement aux corneilles pour se remettre d'une sieste dont sa robe portait encore la trace.
La truite ne paraissait pas dérangée. Et lui qui avait calé des centaines de truites en trente ans n'en revenait pas d'être là, prêt à affronter ce poisson de légende qui ne s'offusquait pas de le découvrir jouant les statues un soir de tremblement de terre. Il lui sembla qu'une tête orange était vraiment *too much* pour une dame de cette extraction. Mais, comme il voyait assez mal sous la surface de l'eau – à la différence du Tronc et du Tuf qui, paraît-il, voyaient les truites sous les pierres – il finit par se résoudre à monter sur une pointe en 16/100e une grosse Pheasant tail affublée en tête d'un fort joli toupet du plus bel oranger.
La truite prenait son temps. Elle faisait gentiment le tour de sa retourne, profitant comme un prisonnier que l'on vient d'extraire de son cachot, des quelques rayons de

- *L'homme pressé* -

soleil de cet après-midi finissant. Lui faisait de son mieux pour se hâter lentement. Tout à l'émotion de ce premier succès – avoir réussi à se placer devant un tel poisson sans le faire fuir –, il utilisa le peu d'énergie qui lui restait à mettre ses idées et son matériel en ordre. À intervalles réguliers, une petite voix lui disait :
« Pas pressé, pas pressé. »
Et lui répétait docilement :
« Pas pressé, pas pressé. »
Une première fois, il balança sa grande nymphe comme il put, en bricolant deux ou trois faux lancers qui produisirent un plouf assez lamentable. De quoi faire fuir le plus curieux des goujons. Mais la truite, qui était décidemment de bonne composition, fit comme si de rien n'était. Il récupéra sa mouche pendant qu'elle tournait la tête. Et se souvint que le lancer "arbalète" pouvait, dans sa situation, être un recours efficace.
Sa première tentative fut catastrophique. La grosse mouche, saisie à l'envers, s'enfonça profondément dans son pouce.
« Pas pressé, pas pressé, répéta la petite voix pendant qu'il s'arrachait la moitié du doigt. »
La troisième tentative fut la bonne. La grosse nymphe s'éleva gracieusement dans le ciel et se posa avec discrétion à deux mètres du poisson qui amorçait juste-

- *L'homme pressé* -

ment son virage. Il vit distinctement l'énorme gueule s'ouvrir alors qu'elle venait vers lui et ferra juste à temps pour que la Pheasant tail échappe aux puissantes mâchoires de la fario. Il venait de rater la truite de sa vie par excès de précipitation.
« Trop pressé trop pressé, dit encore la petite voix.
– Ta gueule ! répondit le petit homme en faisant mine de jeter canne et épuisette dans le Doubs. »
Mais il se ravisa en se disant qu'il n'avait pas vu le poisson s'enfuir. La truite, qui lui voulait du bien, était maintenant attablée sur des spents de mouches de mai. Il se rua sur l'une de ses boîtes, dont il déversa par mégarde l'essentiel du contenu dans le courant voisin, ne sauvant

- *L'homme pressé* -

qu'une grande Danica qu'il se mit en devoir d'attacher en lieu et place de la Pheasant tail. Il tremblait maintenant comme un saule et la petite voix ne le lâchait plus. Un faux lancer, deux faux lancers, la mouche de mai amerrit sous le nez de la grande zébrée qui s'en saisit brutalement. La suite se raconte au ralenti :

Le pêcheur ferre, la mouche se plante dans la lèvre supérieure du poisson qui se retourne dans une gerbe d'écume et prend cette fois le large avec cette décoration que lui envieraient bien des amateurs de piercing. Quant au petit homme, il contemple hébété la torsade de nylon, vestige d'un nœud monté à l'envers.

« Trop pressé, trop pressé... »

Le pape est mort

Faire des miracles est vraiment donné à tout le monde. Je le sais depuis le jour où j'en ai produit un moi-même en toute innocence. C'était le 25 septembre 1978 à Goumois, peu de temps après mon retour de Rome, où j'avais enterré le pape Paul VI et installé son successeur le bon cardinal Luciani sur le trône de saint Pierre. Cette précision s'impose dans la mesure où c'est à la suite de ce pieux reportage que je me suis auto-investi d'un pseudo message divin intimant aux truites du Doubs l'ordre de se remettre à gober *illico presto*.
Dans une vie équitablement partagée entre le journalisme, la fête et les poissons, il m'est arrivé souvent d'être, une fois dans mes bottes de pêcheur, encore dans la peau du reporter que j'étais quelques heures auparavant. L'inverse pouvant aussi se produire comme cette année au festival de Cannes où une interview de Bertolucci s'était transformée en évocation de nos poissons et rivières préférés, prolongeant bien au-delà des convenances le temps imparti aux journalistes pour faire parler le metteur en scène de

- Le pape est mort -

son dernier film (*1900* en l'occurrence) et suscitant ainsi l'ire des confrères qui poireautaient dans les couloirs du Carlton.

Mais c'est bien d'un séjour de pêche marqué du saint sceau de la béatitude que je voudrais vous entretenir ici. À mon arrivée sur les bords du Doubs, dans le petit village franco-suisse de Goumois où j'ai mes habitudes, on m'avait prévenu :
« C'est dingue, c'est tout juste si elles te demandent pas tes papiers avant de prendre ta mouche... »
Comme chaque année, le Doubs avait pris ses quartiers d'été, les eaux étaient si basses que les poissons paraissaient ramper sur le fond de la rivière et les dorsales des ombres trahissaient leur présence par quelques apparitions furtives en tête de courants faméliques. Bref, le spectre de la bredouille hantait les couloirs, le bar, le restaurant et les chambres du Moulin du Plain dont le saint patron, Pierre Choulet, ne savait plus à quel confrère se vouer.
Je considérais l'assistance, constatant l'angoisse des uns, l'irritation ou la résignation des autres. Ils attendaient tous que je les plaigne, que je compatisse, que j'enfile à mon tour le lamentable uniforme du looser professionnel.
« *Habemus papam.* »

- *Le pape est mort* -

Mon entrée en matière les laissa sans voix. Et je dois reconnaître qu'elle me surprit moi même. J'aurais bien été incapable de dire pourquoi je venais, moi le petit reporter, de parler comme un prélat et pourquoi je m'étais choisi ce rôle de composition. Bien que n'étant pas encore à cette époque le mécréant que je suis devenu, je n'avais pour autant pas rapporté de la capitale de la chrétienté la moindre accréditation qui me permette de m'exprimer comme si je sortais du conclave. Qu'importe, personne ne s'avisa de relever que je parlais comme un cardinal que je n'étais pas. Le temps de partager le pain, le vin et le jambon de pays, on m'avait mis au fait de la situation tragique, mais hélas pas inhabituelle en cette saison de pêche sur les rives du Doubs.
« Ne vous inquiétez pas, je lui ai fait bénir de l'eau du pré Bourassin. Nous la rendrons au Doubs dès cet après-midi. »
J'avais dit ça pour faire l'intéressant. Par dérision, par compassion, pour faire glisser la mirabelle. Je le regrettai aussitôt.

« À quelle heure tu la mets ? »
Le pêcheur, sans doute depuis le coup de la multiplication des poissons, ne demande qu'à croire aux renforts venus du ciel. Ainsi n'a-t-on pas oublié dans

- Le pape est mort -

les Pyrénées, le jour miraculeux où les truites du Gave de Lourdes se sont mises à sauter sur la rive devant la grotte de Bernadette Soubirou. Elles étaient en fait poussées hors de l'eau par une nappe de cyanure, mais, diront les bigots, le seigneur plus qu'un autre a le choix des moyens. Et tous les pêcheurs le savent, la pêche, à un moment ou un autre, relève du divin. À Goumois, semble-t-il, c'était ce jour-là.

Pris d'une inspiration soudaine, en même temps que poussé par l'inédite ferveur de ces nouveaux fidèles, je décidai de remplacer l'habituelle sieste par une petite virée au bord du Doubs. Le temps de monter dans ma chambre pour y prendre la fameuse bouteille (une demi-Evian vide, discrètement subtilisée sur une table et remplie au robinet de mon lavabo) et nous voilà partis en procession vers le pré Bourassin. La rivière était calme. Tout le monde, ou presque, paressait au rythme de l'été. Deux ou trois ombres, quelques blâgeons et un banc de vairons se doraient au soleil profitant de l'oisiveté tranquille de quelques truites qui avaient pris en dormant la couleur des graviers.
Toujours suivi de ma troupe d'apôtres halieutiques vaguement éméchés, je m'en allai vider le contenu de ma bouteille en tête du premier des radiers qui commandent l'entrée du pré. Puis, après un retour

- *Le pape est mort -*

prudent par la route, j'approchai de la rive avec précaution (il est déconseillé de se baigner après un repas arrosé) et appréhension (je croyais autant à ce miracle là qu'aux autres, c'est à dire pas du tout). Il me sembla alors entendre, venus d'un des enrochements disposés par les bénévoles – laïcs — de la Franco-Suisse, une vague mélopée qui me fit penser à des chant grégoriens. En remontant vers la retourne qui borde les premiers mètres du pré le plus connu des moucheurs suisses, belges, et français, je constatai que la musique se faisait plus précise et plus forte. Il s'agissait bien de chants grégoriens. Intrigué, je m'approchai et les vis soudain, pieusement alignées dans le sens de la retourne, la gueule orientée comme il faut, qui s'ouvrait au rythme de la partition.

Je fouettai mécaniquement, sans penser à la religion, et posai ma mouche avec fracas sur le nez des fidèles. Comme si j'avais voulu dissiper cet invraisemblable mirage sans doute provoqué par les dérapages que la mirabelle faisait subir à mon imagination. Derrière moi, le murmure désapprobateur que méritait bien mon poser hasardeux n'eut guère le temps de s'installer : les truites se moquaient pas mal de ma maladresse. Un premier poisson se dirigea vers ma peute et la saisit délicatement comme on le fait d'une hostie.

« Amen. »

- *Le pape est mort* -

Je ferrai avec toute l'onction dont je me sentis capable. La truite radieuse ne se fit pas prier pour venir dans ma main. Bientôt suivie d'une autre qui voulut aussi profiter de l'eau bénie par le successeur de saint Pierre.

« Putain ça marche ! »

Les autres pêcheurs qui étaient restés en retrait, place qui sied aux témoins de miracles, s'approchaient maintenant pour toucher de la main l'invraisemblable résultat de la bénédiction pontificale.

« Nom de Dieu ! elles continuent à gober ! »

Je foudroyai du regard le blasphémateur et tendis ma canne à Yoyo Visantin.

« Le seigneur soit avec toi...

– ... Et avec ma fourmi. » répondit Yoyo qui ne perdait jamais le sens de la répartie.

Sa mouche fut gobée instantanément comme celles des autres pêcheurs qui se partageaient maintenant les rives sacrées du pré Bourassin. J'allai pieusement de l'un à l'autre, distribuant forces signes de croix aux poissons qui atterrissaient sur l'herbe tendre et attendaient de recevoir la sainte onction avant d'être rendus au Doubs.

Le bruit courut assez vite que le nouveau pape avait envoyé une manière d'indulgence aux riverains de Goumois, de préférence à ceux de la rive française

- *Le pape est mort* -

puisque la Suisse relève de la paroisse de Calvin. Et le téléphone commença à sonner :
« Pouvez-vous faire quelque chose pour le Dessoubre, le Cuzancin, l'Ain, la Saine, la Bienne, le Tacon, la Furieuse, et même la Loue, qui en ce mois de canicule avaient aussi mis leurs poissons aux abonnés absents ? »
Poliment, je répondis que la fameuse bouteille n'avait été remplie que des eaux du Doubs, exactement au lieu-dit La Sauçotte et qu'il me paraissait impossible, voire impie de songer à en disperser le contenu dans un cours d'eau différent. Ma réponse était stupide, au lieu de dire que la bouteille (qui n'avait jamais existé) était vide, je venais de réveiller la Franche-Comté. J'obtins dès lors toutes sortes d'arguments pour me convaincre d'arroser l'ensemble du réseau. La Franche-Comté n'était-elle pas, grâce au karst, une seule et même immense rivière souterraine, dont toutes les eaux pouvaient venir de Rome. Du côté d'Ornans, on rappela que grâce à un incendie et à la crue de Pernod qui s'en suivit, on savait que la Loue était une résurgence du Doubs. En faisant finement remarquer que ce qui avait transporté du Pastis pouvait recevoir de l'eau bénite. On me supplia, on me menaça, on me proposa de l'argent, une décoration, une contrepartie en écriture sainte, mon poids en

- Le pape est mort -

cierges et même autant de semaines que je le souhaitais à Notre-Dame-de-Consolation, en pension complète.

Je pensai un instant convoquer un journaliste de *L'Est Républicain* pour lui avouer la vérité, mais je songeai aussitôt au tollé que ne manquerait pas de provoquer mon douteux canular dans une région aussi catholique. J'étais pris à mon propre jeu.

« Venez demain matin au pont de Goumois pour la distribution d'eau bénite. »

Ainsi furent convoqués les présidents des sociétés de pêche candidates au miracle, ainsi que la presse et un représentant de l'évêque de Besançon qui n'avait heureusement pas jugé utile de vérifier à Rome la réalité de cette indulgence très spéciale.

Une pleine caisse de bouteilles remplies la nuit précédente dans la chute du père Choulet suffit à peine à contenter tout le monde. À chacun je rappelais que cette eau avait été bénie pour le Doubs et que la distribution était sans garantie du Saint-Sacrement.

La corvée terminée – je comprenais enfin à quoi pouvait ressembler un sacerdoce – je retournai au Moulin du Plain avec mes assistants. Nous étions si fatigués que nous passâmes à table en faisant l'impasse sur le coup du soir. Le repas fut long, copieux et joyeux. Quand je montai me coucher après la tournée de gentiane en

- *Le pape est mort* -

trop, je me dis que dès le lendemain je passerai aux aveux. Je m'endormis dans la douleur des cloches du Latran qui dans ma tête couvraient l'harmonieuse mélodie des zébrées grégoriennes du pré Bourassin.

Cinq heures plus tard, Pierre Choulet tambourinait à ma porte :
« Vincent, Vincent, le pape est mort !*
– Arrête, Pierre, c'est pas drôle.
– Si, je t'assure que c'est vrai, il est mort et il y a un monsieur qui te demande au téléphone...
– ...
– Il s'appelle Perdriel et il dit qu'il faut que tu repartes à Rome, il te propose même de t'envoyer l'avion à Belfort.
– Non, non, ça va. Dis lui que je le rappelle dans une heure. Et que j'ai le temps de repasser par Paris. »
Et je refermai les yeux quelques instants en me disant que venait de disparaître le seul vrai témoin de ma supercherie.

* *N.D.E. : Luciani, le pape Jean-Paul Ier, est décédé 33 jours après son élection. Le pape Jean-Paul II lui a succédé.*

Robert et Robert

Le petit Robert avançait bizarrement. Vu de loin, il paraissait marcher sur des œufs, une pleine boîte d'œufs collés sous les semelles de ses waders.
« Qu'est-ce qu'il a ce con ? » s'interrogea sobrement le grand Robert. Le petit et le grand Robert – cent kilos pour 1,60 mètre – faisaient le plus souvent équipe ensemble justifiant cette fratrie d'occasion par quelques autres points communs comme un front bas, des dents cirées à la Boyard maïs et un goût immodéré pour le vin.
Le petit Robert, qui devait lui être légèrement sous les 1,60 mètre, contrairement au grand Robert qui était au-dessus, finit par arriver jusqu'à nous.
« Oh putain, je suis tombé sur le Maurice…
– …
– … Heureusement, je l'ai vu en premier… »

Et le petit Robert entreprit de faire glisser les bretelles de son pantalon de pêche à la façon d'une strip-teaseuse trisomique découvrant peu à peu l'explication

de sa démarche chaloupée. Les waders étaient remplis de truites. Des petites, des grosses, des zébrées, des danoises, toute une friture de truites qui fumait gentiment au soleil et exhalait un étrange parfum dont les fragrances hésitaient entre l'odeur du poisson et les humeurs pestilentielles du pêcheur en cette fin de matinée néoprène.
« Pas mal pour un no-kill... »
Les deux Robert se demandèrent un instant comment il fallait prendre mon compliment. Puis le grand aida le petit à arracher la botte gauche pour libérer la pauvre fario coincée entre le pied et la semelle et dont la queue était maintenant de la purée de fario. C'était elle, la cause de la démarche chaloupée du petit Robert. Il l'avait escamotée dans une jambe de son pantalon de pêche dès qu'il avait vu arriver la 2 CV du garde.
Celle-là serait dure à placer. Les autres, en revanche, feraient des heureux. Moyennant finance ou pas, je n'en savais rien, mais il ferait des heureux à coup sûr. Car les Robert allaient maintenant tenter de trouver un ou plusieurs débouchés pour leur récolte et cette fois il ne fallait pas traîner : pour une raison qui m'échappait, ni l'un, ni l'autre n'avait de bouille et c'était une livraison de poissons morts à laquelle ils allaient s'attaquer maintenant. Ce qui n'était pas dans

- *Robert et Robert* -

leurs habitudes : en principe les Robert faisaient dans « le tout vivant ». C'était du moins ce que l'on disait d'eux dans la région et que je croyais moi-même jusqu'à ce que les circonstances me fassent le témoin involontaire d'un spectacle auquel je n'aurais jamais dû assister. C'était un jour d'ouverture, j'étais accroupi dans un taillis des bords de la rivière où m'avait envoyé le besoin pressant d'en finir avec un mauvais repas de midi, quand une camionnette vint se garer à une cinquantaine de mètres de moi.

Un homme, que je découvris plus tard être l'un des deux Robert, en descendit, ouvrit les deux portes arrière, regarda à gauche et à droite de la route et siffla dans ses doigts. Quelques secondes plus tard, son clone sortait comme par magie d'un bosquet qui nous séparait de la rivière. Il posa sa canne et entreprit de vider sa bouille dans ce qui me sembla être un réservoir à l'arrière de la camionnette. Puis le pêcheur repartit vers les buissons, d'où il revint avec une filoche où remuaient furieusement une bonne dizaine de poissons. Le compte parut bon aux deux compères.

Les amortisseurs de la 4 L saluèrent en couinant l'embarquement des Robert. La petite voiture paraissait maintenant ramper sur le chemin de terre, la ligne de flottaison largement enfouie dans les herbes qui bordaient la piste, emportant son triple chargement (en

- Robert et Robert -

Robert et en truites) vers une destination assez prévisible : l'épicerie, le tabac, la buvette du village, chez Thérèse où les pêcheurs assoiffés avaient coutume de recevoir les premiers soins.

Quand j'y entrai moi-même, deux heures plus tard, après être allé tenter ma chance dans le bas du parcours, sans grand succès pour cause d'heure tardive, je les retrouvai embusqués derrière un rideau de chopines vides, débattant avec Maurice, le douanier retraité, des mérites comparés de la cuiller vaironnée et du sedge à draguer.

« Ça pêche pas à la même heure répétait inlassablement Robert 1 » que les deux autres n'écoutaient pas, concentrés qu'ils étaient sur un autre aspect de la discussion qui était celui du rendement : « À la vaironnée, quand ça veut rigoler, la bouille est pleine en moins d'une heure ».

Je souris en pensant que Robert 2 n'avait pas à aller bien loin pour prouver ses dires. Et lui dut penser à la même chose en me voyant sourire.

« Putain, c'est ton tour d'aller changer l'eau !
– c'est surtout le moment d'y aller, répliqua Robert 1... »

Et les deux hommes payèrent et remontèrent dans leur voiture en oubliant au passage de passer à la fontaine. Une demi-heure plus tard, je retrouvai la 4 L garée

- Robert et Robert -

devant la cuisine de l'Hôtel des Voyageurs. Mes Robert étaient au comptoir et partageaient le pastis et les olives avec le patron dont je compris très vite qu'il n'avait pas voulu de leur cargaison. Ils me tournaient le dos, mais j'en voyais assez pour comprendre que tout ne fonctionnait pas comme ils l'avaient envisagé.
« Putain, Robert ! l'eau… »
Robert 2 leva le bras en signe d'impuissance et engloutit avec des bruits de canalisation un bon verre de Ricard dans lequel l'eau n'avait pas non plus vraiment trouvé place. Et je vis la pauvre 4 L reprendre, après avoir miraculeusement franchi le portail de l'hôtel, le cours de ses pérégrinations. Je pensai un instant au chargement : dans quel état pouvaient bien être les truites… et les ombres ?
Je décidai de suivre mes livreurs à distance. Ils s'arrêtèrent une première fois devant la fontaine de la place de l'église et je vis de loin Robert 1 remplir deux seaux qu'il déversa vraisemblablement dans le réservoir à l'arrière. Puis la 4 L reprit son cours erratique, s'arrêtant successivement devant un petit pavillon en bordure du village, puis repartant très vite pour un nouvel arrêt, très court lui aussi, au pied d'un petit immeuble, un autre encore dans une station-service, sans prendre d'essence, et un autre enfin devant l'entrée de service d'un charcutier traiteur.

- *Robert et Robert* -

À chaque fois, les deux hommes paraissaient un peu plus accablés en revenant vers leur voiture. Manifestement, les affaires ne marchaient pas. Je les suivis encore quelques instants, le temps d'une nouvelle visite éclair à l'hospice de la petite ville voisine, puis les compères arrêtèrent la 4 L devant un lavoir désaffecté. Là, ils déversèrent sur la grande margelle, qui accueillait autrefois le linge des lavandières, plusieurs épuisettes pleines de poissons dont la rigidité cadavérique indiquait bien qu'ils avaient mal supporté les tournées des Robert.

Les deux viandards s'agenouillèrent ensuite comme des mères Denis devant leurs victimes, sortirent chacun un Opinel et entreprirent de vider leurs poissons. Une fois débarrassée de ses tripes et de ses écailles (pour les ombres), la prise trouvait un repos bien mérité sur un lit d'orties que les compères avaient aménagé, histoire de rendre des couleurs à leur pêche, au fond d'une immense musette en osier. Puis la 4 L reprit sa route. Je me dis que le moment était sans doute venu de prospecter les proches, collègues, parents, amis, et je pensai que le cours du poisson devait être en train de chuter lourdement dans le canton. Les congélateurs seraient les culs de basse fosse où leurs captures, condamnées à l'oubli, allaient devenir des mets insipides promis à une dégustation navrée. Quelquefois,

- Robert et Robert -

on sauterait même l'étape congélateur pour aller directement à la case poubelle, quand on n'aurait pas fait un détour par la case "gastro" pour cause d'oubli sur la fenêtre.
J'avais du mal à dire à quelle catégorie de viandards appartenaient mes Robert. Et des catégories, il y en a un certain nombre. Il y a les professionnels qui veulent juste faire de l'argent, les ingénus qui ne pensent pas à mal : dans les années trente, quand mon grand-père et mon grand-oncle partaient pêcher sur la Vézère, ma grand-mère leur disait : « ne me rapportez que les petites, on fera une bonne friture... les autres ont des arêtes trop dures ». Il y a les comptables : « couvrir quatre fois le prix du permis pour que ce soit rentable », les jaloux : « la semaine dernière, machin en a pris trois de plus que moi », les misanthropes : « c'est toujours ça qu'ils n'auront pas ».
Ou tout bêtement les tueurs, tuant pour le plaisir de tuer. Comme ce vieil homme invité sur un étang riche en arcs-en-ciel, à qui on avait oublié de donner une limite, et qui entassait consciencieusement ses victimes à ses pieds.
« Mais vous allez manger toutes ces truites ?
– Moi ? j'aime pas le poisson. »

Albert l'ombre

Je n'ai jamais rencontré un ombre comme celui-là. Albert – je lui ai donné ce prénom quand nous sommes devenus familiers – poussait le mimétisme propre à son espèce jusque dans le registre des sentiments. Alors que ses congénères se contentent de confondre leur robe, et souvent de façon parfaite, avec le moindre accident du relief, lui ajoutait à cette prouesse chromatique, une aptitude stupéfiante à imiter aussi le caractère de celui qui le pêchait.

C'est du moins ce dont je fus convaincu lors de notre rencontre au milieu d'un radier du Doubs, à Goumois, un matin de juillet. Je m'étais envoyé là en exil, plutôt qu'en vacances, à l'issue de quelques déboires professionnels qui me faisaient m'interroger sur la vie, le sens que je voulais lui donner, et toutes sortes de banalités tragiques dont l'esprit humain excelle à exagérer la portée.

Je venais de me faire virer (mon patron qui me réembaucha plus tard jura que c'était moi qui était parti), j'avais refusé de confier mon travail au jury bienveil-

- Albert l'ombre -

lant d'un prix prestigieux, et pas donné suite à plusieurs offres d'embauche. Bref, je faisais tout pour que les choses se passent mal, jusque sur cette gravière accueillante dont l'harmonieuse quiétude était troublée par les lancers rageurs de ma canne à mouche. Et c'est à ce moment-là que je rencontrai l'ombre Albert, qui n'eut dès lors de cesse de me prouver qu'il pouvait m'imiter moi et mon état d'esprit, en plus des galets de sa gravière. Et qu'en matière de conduite d'échec, il était largement capable de faire aussi bien, sinon mieux, que le maladroit qui lui faisait l'honneur de le pêcher.

Il y avait ce matin-là une très jolie éclosion de petits trichoptères gris, dont les ombres et quelques truites de cette gravière faisaient une consommation raisonnable, la soirée précédente ayant dû être l'occasion d'un banquet plus conséquent. Mais comme j'étais là pour pêcher, je pêchais. Sans méthode, ni conviction, avec un bas de ligne aussi long qu'une réplique du général Cambronne, et un sedge roux, deux fois plus gros que ceux qui paradaient sur l'eau. J'ai déjà dit tout le mal que je pensais de mes lancers, mais il me faut préciser que ce jour-là je lançais encore plus mal que d'habitude, au point que ma mouche parvenait sur l'eau comme emballée dans une pelote de nylon, disposée de façon telle qu'il ne lui arrive vraiment rien.

- *Albert l'ombre* -

Et bien c'est au milieu de cet entrelacs sauvage qu'Albert l'ombre vint chercher ma mouche, se faufilant parmi les boucles du nylon et réussissant par je ne sais quel exploit à y trouver ce qui ne ressemblait pourtant plus du tout à un sedge.
La tête ailleurs, je ferrai en retard. Mais je ne ferrai pas dans le vide parce qu'Albert avait attendu patiemment que je m'avise de sa sollicitation. Notre combat fut bref, il ne demandait qu'à venir. Je l'amenai mécaniquement à l'épuisette qu'il traversa sans ralentir, tant le trou, au fond du filet était béant.
Il repassa bien vite dans l'autre sens, conscient de son impair, avec la discipline d'un bon élève, puis accepta de se poser sur ma main, de n'en plus bouger jusqu'à ce que j'en eusse terminé avec d'approximatives manipulations de la bouille : tenir la canne entre les dents, faire glisser la bouille depuis le dos, la récupérer entre les genoux, actionner la pression du couvercle, y faire entrer l'ombre, ouvrir les trous de circulation d'eau et mettre l'ensemble en bordure de la gravière, dans un joli petit bassin naturel.
« Bien joué ! m'encouragea Freddy » à qui il n'avait pourtant pas échappé que cette capture devait tout au hasard.
Je retournai à la pêche et à mon vague à l'âme. La matinée passait lentement au rythme des faux lancers et

- Albert l'ombre -

des ferrages ratés. Manifestement, les autres ombres de la gravière n'étaient pas aussi bien disposés qu'Albert.
« T'es sûr que t'as fermé ta bouille ? »
Je me retournai vers la Maurer, dont le couvercle battait mollement dans le courant. J'allai vérifier par acquis de conscience qu'elle était bien vide. Mieux valait mettre au sec cet accessoire désormais inutile.
Je fis basculer la Maurer pour en enlever l'eau, quelque chose remuait dans le fond : c'était Albert qui faisait de son mieux pour ne pas être éjecté. Je replongeai la bouille grande ouverte dans l'eau, Albert ne mit pas même le nez à la fenêtre. Contrairement aux autres, cet ombre-là n'aimait pas la lumière.
J'entrepris de le faire sortir. Le goût de manger de l'ombre m'était passé. Albert se laissa mettre à la porte sans trop protester, mais il n'alla pas bien loin. Il me regardait d'un œil humide, le ventre posé sur les graviers, à 50 centimètres de la bouille.
« Allez, tire toi ! va-t-en ! nage à l'ombre ! C'est pas mon jour, profites-en... »
Albert faisait semblant de ne pas comprendre. L'étendard qui lui tenait lieu de dorsale, ondulait joyeusement pour m'adresser de petits signes d'amitié. Albert ne paraissait pas vouloir me quitter. Je tentai l'indifférence.

- *Albert l'ombre* -

Une heure plus tard, quand vint l'heure du déjeuner, je retournai prendre ma bouille. L'ombre n'était plus où je l'avais laissé : il était retourné à l'intérieur... Albert était résolu à m'accompagner dans la débâcle. C'était décidé, il me surpasserait dans l'échec, serait plus foireux que moi, me donnerait une grande leçon de mimétisme sentimental. Je le mis au vivier.
Et pendant toute la semaine qui suivit, je lui rendis visite chaque jour entre deux séances de bredouille, ne pouvant me résoudre à le faire passer du vivier à la poêle à frire.
« Si on ne le mange pas, il vaudrait mieux le remettre au Doubs, conseilla Freddy. »
Décision fut donc prise de rendre Albert à sa gravière. On vida la bouille à l'endroit exact où elle avait été remplie. Albert me regarda d'un air de reproche et ne bougea pas d'un centimètre. Le lendemain, il était toujours là. Et le surlendemain aussi. J'étais prêt à le remettre dans le vivier, à l'adopter comme un chat. Quand je revins avec la bouille, un héron m'avait précédé qui s'envola dans un grand battement d'ailes.
Albert agonisait sur le gravier, le flanc percé d'un coup de bec. Il m'avait définitivement prouvé qu'il était plus fort que moi dans l'échec.

Mimi la Bricole

Tout était presque parfait. L'enveloppe en papier kraft, l'adresse calligraphiée avec soin, le contenu emballé en bon ordre. Il y avait les matériaux nécessaires et les outils adéquats. Et les instructions qui allaient avec. Tout était parfait, on vous dit.

« La sauterelle » de Mimi la Bricole – c'est ainsi qu'il la désignait – ne ressemblait à rien qu'on puisse retrouver sur Google, et pas plus dans le plus pointu des ouvrages d'entomologie. Il y avait bien des pattes de sauterelle, des commencements d'ailes de sauterelle et un abdomen comme pourraient en avoir certaines sauterelles ayant copulé avec une mouche de mai, mais il manquait tout l'avant de l'insecte, la tête, les antennes, et ce regard langoureux qui signe les grandes voyageuses.

Qu'importe, avons-nous pensé, cela fonctionne assez bien comme mouche d'ensemble, c'est même génial. La notice de fabrication va nous dire qu'il faut d'abord monter la sauterelle complète, puis la finir au coupe-cigare pour indiquer aux clientes qu'une première truite

- *Mimi la Bricole* -

a trouvé la bestiole à son goût... Pour donner confiance. La sauterelle de Mimi la Bricole avait tellement l'air de rien qu'elle nous est immédiatement devenue sympathique et son auteur avec.

Il est possible qu'un jour les rivières manquent d'eau, ou peut-être hélas que les eaux manquent de poissons, et donc que la pêche en vienne à manquer de pêcheurs, mais jamais, au grand jamais, la pêche ne tombera en panne d'inventeurs. La preuve par Mimi la Bricole.

Dans l'enveloppe, il y avait aussi une manière d'araignée qu'on aurait cru découpée dans un bout de couenne de noir de Bigorre et encore une autre bestiole qui, après enquête, s'est avérée être une libellule, qui m'a rappelé la libellule de Yoyo qui n'avait pas d'ailes mais qui, compte tenu de ses cent vingt kilos, n'en avait pas besoin pour déplacer de l'air.

Ces trois créations de Mimi la Bricole nous étaient donc adressées avec tout le nécessaire pour les fabriquer, ce qui nous rendit ce monteur-inventeur encore plus aimable. Les maîtres du *fly tying*, les Petit-Jean, Barthélémy, Bresson, De Charrette, Devaux et autres Florian Stephan n'ayant pas pour habitude de nous faire parvenir leurs mouches avec étaux, matériaux et notice de montage... Non seulement Mimi la Bricole prétendait venir en aide au pêcheur, mais il se souciait, lui, en plus, du salut du monteur.

- *Mimi la Bricole* -

Les inventeurs sont des types épatants. D'abord parce qu'ils ont raison contre tout le monde. Ceux qui ont de la culture sont ainsi persuadés d'être des héritiers de Léonard de Vinci. Et ils ont la foi de Galilée, ce côté « un jour vous comprendrez » qui fait marrer la multitude crasse de ceux qui n'inventeront jamais rien, pas même l'eau tiède. Dans ce combat inégal, les "Géo Trouvetout" opposent leur incroyable assurance à la stupide inertie de la masse. Ils sont prêts à tout pour imposer leur génie. Comme ce Suisse qui, récemment, s'est offert une pleine page de *La Tribune de Genève* (quinze mille francs suisses) pour présenter cent cinquante inventions de son cru pour lesquelles il cherchait un unique acquéreur, auquel il était prêt à faire un prix de gros : quatre vingt millions de francs suisses. Une affaire.
Les inventeurs "pêche" ne travaillent pas tous pour l'argent. Il y a bien ce petit malin qui avait réussi, dans les années 90, à extorquer à l'Anvar plusieurs millions de francs pour mettre au point une improbable gaffe-épuisette-parapluie. Mais, le plus souvent, les inventeurs "pêche" travaillent pour la gloire. Il leur suffit d'être convaincus d'avoir mis au point l'arme fatale. Celle à laquelle aucun poisson ne saurait résister.
Des millions de bidouillages pathétiques ont ainsi vu le jour, portant l'espoir de leurs auteurs jusqu'à ce que

- *Mimi la Bricole* -

l'impitoyable verdict de la partie de pêche les ramène à leur vraie place : dans la caisse aux désillusions, entre l'armoire aux bredouilles et l'étagère aux poissons manqués.

Dans tout pêcheur sommeille un Mimi la Bricole. Quelques-uns sont restés célèbres. Des années durant, leurs trouvailles ont fait le bonheur des revues halieutiques, à une époque où l'entrée au catalogue Manufrance valait bien une élection à l'Académie française.

D'invraisemblables créations, telles la machine à ferrer le poisson, la mouche de mai qui bat des ailes, la flûte à faire monter les vers ou le bouchon autoamorceur trustaient chaque année les places d'honneur au concours Lépine. C'était le bon temps.

Aujourd'hui Mimi la Bricole en est réduit à nous adresser son œuvre comme on jette une bouteille à la mer. C'est injuste. Surtout pour quelqu'un qui se donne autant de mal pour aider son prochain. Car, revenons à l'enveloppe de Mimi. Il suffit de faire ce qu'il dit. D'abord les outils : première remarque, vous pouvez toujours chercher les outils de Mimi la Bricole dans les rayons du BHV. Lui, son fournisseur ce serait plutôt le HRM (au Hasard de la Récup' Maison). Il y a trouvé la pointe de fléchette, sûrement piquée dans le jeu de son fils, dont il a fait ce superbe mandrin destiné à tourner le corps des mouches, ou

- *Mimi la Bricole* -

encore la baleine du vieux pébroque à maman qu'il passe à la gazinière pour en faire, une fois cintrée, l'armature d'une scie à métaux. Et que dire de la pince à bouts recourbés, des limes aiguilles, de la mini cisaille pour découper l'alu, de l'aimant et de l'étau à main, matériels dont il donne le fournisseur et la référence... Ensuite, il y a les matériaux, la mousse d'emballage, la colle Patex, le papier irisé spécial fleuriste, l'aluminium alimentaire, et les poils de balai pour faire les pattes de la libellule (encore merci maman). Enfin voici le principal, par quoi il aurait fallu commencer si on avait voulu respecter les instructions de Mimi la Bricole : l'eau. Oui, l'eau, qui est à la partie de pêche ce que le vin est au verre, le beurre au jambon et la cerise au gâteau. Et pour faire l'eau, Mimi la Bricole ne vous envoie ni chez Contrex ni chez Veolia et encore moins chez Jacob Delafon. L'eau de Mimi la Bricole, vous la trouverez chez le vitrier et vous la peindrez (voir instructions) en noir et blanc selon que vous souhaiterez obtenir de la pleine eau, des eaux basses, et que vous voudrez pêcher en sèche, en nymphe ou en noyée. C'est sur cette vitre teintée qu'il vous faudra poser le résultat de votre montage, d'abord pour voir si ça flotte et ensuite si cela ressemble à quelque chose de crédible pour une mouche.

- Mimi la Bricole -

Et notre Mimi national de terminer son introduction, sobrement intitulée « Avant tout », par cette apostrophe virile :
« Salut et bon courage ! »
À laquelle nous aurons l'audace d'ajouter :
« Et vive la bricole ! »

- Mimi la Bricole -

La Femme Truite

Ce soir-là encore, il avait quitté le dîner au moment du fromage, avec la bénédiction bienveillante de sa femme qui comprenait depuis toutes ces années que l'on ne décide pas de l'heure du coup du soir. Il enfila ses waders, mit son gilet dont il avait contrôlé le contenu dans l'après-midi et prit sa Loomis 8'6 à laquelle il avait redonné un bas de ligne plus court, spécial "coup du soir", juste avant de passer à table.

Il se hâtait maintenant vers la rivière, dont la musique très particulière, à cette heure où la nature se prépare à la nuit, l'attirait comme un aimant. Comme chaque soir où il abandonnait les siens pour s'en aller retrouver les truites – sans savoir si elles voudraient de lui –, il sentit un sentiment de culpabilité l'envahir. La vie l'avait encore obligé à choisir. Et il ne pouvait pas ne pas se dire qu'il venait de sacrifier la femme et les enfants qu'il aimait sur l'autel de cette étrange passion. D'autres auraient pensé, fort justement, que chacun avait sa place et que l'idée même de mettre sur le même plan l'amour d'une famille et l'inclination que

- La Femme Truite -

l'on pouvait avoir pour telle ou telle activité était invraisemblable. Lui se disait que les minutes qui composent votre vie sont également concurrentes. Ce n'est pas nous qui sommes responsables de ces conflits d'intérêt. C'est la grande horloge qui rappelle sans cesse à chacun qu'il lui faut choisir entre les grains qu'il fait couler au travers du sablier de la vie.

Il repensa à cette discussion un soir de bivouac lointain, au bord de la baie d'Ungava, dans le Grand Nord Québec, où avec deux compagnons, ils se demandaient ce qu'ils feraient si on les condamnait à choisir, sur une île déserte entre la compagnie d'une femme, celle d'une canne à pêche ou celle d'une cave à vins. Ses compagnons étaient détendus et suffisamment insouciants pour s'égarer dans ce genre de débat stupide. Il aurait dû partager cette légèreté. La pêche avait été excellente : le tributaire qui reliait les deux lacs, où les avait déposés l'hydravion, leur avait apporté quelques belles émotions avec des truites, entre un et cinq kilos, et des ombles arctiques plus légers mais très explosifs et sublimement beaux dans leur robe nuptiale. Bref, il aurait dû être heureux et tranquille comme on peut l'être un soir où la pêche a été bonne. Au lieu de quoi, il était tendu et inquiet parce que la jeune femme, qu'il avait imprudemment emmenée dans cette expédition monomaniaque (que fait-on quand on a fini de

- *La Femme Truite* -

pêcher ? Réponse : on parle de pêche), était partie seule dans la nuit se promener dans cette immense toundra qu'il savait fréquentée par des ours bruns et des loups. Et son inquiétude était une réponse à la question de l'île déserte. Il était ennuyé parce qu'il n'avait pas su, ni voulu choisir. Il avait pris la femme et la pêche, et constatait avec amertume que la jeune femme vivait très mal cette situation d'avoir à n'être qu'une option dans le catalogue des plaisirs de ce macho qui la mettait sur le même plan qu'une paire de truites.

Et lui vivait très mal son incapacité à exprimer un choix clair. Pour ses deux compagnons pêcheurs, il n'y avait pas à réfléchir longtemps : ils choisissaient la canne à pêche et accessoirement la cave à vins. Leur parti le choquait, mais son indécision ne valait guère mieux. Il leur avait bien dit qu'il trouvait le dilemme nul et non avenu. Il n'hésiterait pas, lui, une seconde. Ce serait la femme. Mais son ton manquait de conviction. Les autres avaient ricané, le traitant de faux cul. Il se surprit à manquer d'argument. C'était une situation étrange. Sa conscience était sûre d'elle, mais il y avait quelque chose d'autre, peut-être le fameux « surmoi » qui lui soufflait :

« Allons, allons, ce n'est pas si simple, la pêche aussi c'est ta vie. Tu te vois sur une île sans canne à pêche... »

- *La Femme Truite* -

Et il repensa à ce qu'avaient été les années qu'il venait de traverser : un grand slalom entre son boulot, les femmes, les enfants, les potes, la pêche, un coup du soir permanent ; courir, courir vers, il ne savait plus quelle rivière, se hâter toujours pour que tout le monde ait sa part en pensant que personne n'y trouvait son compte.

Il entra dans l'eau avec prudence, juste à l'orée du petit bois de la Sauçotte. Les premiers spents, dépouilles résignées d'amours éphémères, tournaient dans la retourne. C'est là qu'il fallait être, à la limite du tuf, quand le fragile calcaire dessine une falaise irrégulière autour du grand trou. À quinze mètres, un poisson était déjà installé qui ramassait les mouches mortes à la sortie d'un minuscule courant. Il tenta sa chance avec une Ecdyonuridae au corps lie de vin cerclé de noir, dont le hackle très léger, gris presque noir, se fondait dans la pellicule de surface. Il ferra à l'instinct, ne sachant si le minuscule gobage était pour lui. La réponse courbait sa canne et tirait bien fort sur la soie. Le coup du soir commençait bien. Il ne pensa plus qu'à la pêche. Aux autres truites qui s'installaient maintenant tout autour de lui et que la capture et la remise à l'eau de leur congénère, n'avaient pas dissuadées de prendre place de part et d'autres de la barrière de tuf. Les premiers trichoptères pagayaient maintenant vers la rive,

- *La Femme Truite* -

souvent rattrapés par le gobage ultra violent des zébrées qui les prenaient en force. En quelques instants, un brouillard d'insectes envahit le ciel au-dessus de sa tête. Il s'appliqua à faire voler sa mouche artificielle en compagnie des autres et surtout à la poser où il voyait des truites attablées.

Il était concentré sur sa pêche et eut seulement le temps de penser, lorsque le tuf céda sous sa botte, au sort que lui avait jeté quelques années plus tôt une vieille main à laquelle il reprochait de pêcher comme un poissonnier : « je vous souhaite de perdre l'équilibre sur les galets glissants d'une rivière et d'être un jour emporté dans ses entrailles ! »

Et bien, ce jour était arrivé. Il n'avait pas glissé. C'était la rivière qui avait cédé sous ses pas. Mais le résultat était le même. Et il perdit connaissance.

Il se réveilla dans une grande salle aux murs de tuf, prolongée par un bel herbier qui laissait passer une lumière très douce, vert tendre aux reflets dorés. L'immense grotte était habitée, mais il ne parvint pas immédiatement à identifier les poissons qui tournoyaient au-dessus de sa tête. D'ailleurs, la petite troupe disparut très vite de son champ de vision, remplacée par une très grosse truite dont les rayures noires sur la robe couleur sable indiquaient clairement qu'elle venait de finir sa sieste. La truite, une femelle de sept

- La Femme Truite -

ou huit livres vint se placer devant lui. Elle était presque immobile, la gueule légèrement ouverte et les nageoires pectorales ondulant faiblement pour maintenir sa tête au niveau de sa tête à lui. Il ne savait à ce moment si lui-même était à l'échelle du poisson ou si c'était le contraire et, dans le doute, esquissa un mouvement de recul.

« Ne crains rien... ».

Tout à sa surprise d'entendre une truite parler, il n'avait pas relevé quelques autres détails comme le fait d'être sous l'eau sans aucune gêne, de ne pas avoir conscience d'être là par accident, de voir dans cette eau aussi bien que dans l'air et de respirer normalement sans angoisse, ni suffocation. Bref, d'être aussi à son aise au pays des poissons qu'il pouvait l'être dans les décors de l'existence qu'il avait menée jusque-là. Mais le "détail" le plus incroyable qui lui avait échappé, celui qui aurait dû le plonger dans la stupeur, détail si énorme qu'il avait évité de s'y arrêter, était que la truite avait la voix de sa femme.

Oui, c'était exactement ça, il s'en apercevait maintenant, la même voix douce aux inflexions tour à tour fermes et tendres qui tenait une place si importante dans son univers. Sa femme et la truite avaient la même voix. Ou sa femme s'était faite truite pour être avec lui, là aussi. À moins que ce ne fut l'inverse et qu'il soit simplement de retour à la maison, dans son palais de tuf qu'il avait quitté un jour pour habiter chez les hommes. Et sa truite de femme était venu le récupérer, lui avouant maintenant son travestissement pendant toutes ces années en épouse fidèle et mère de famille attentionnée.

Il suivit la femme-truite en son palais de tuf. À travers des salles aux voûtes hautes et sculptées dessinées par Gaudi. Une lumière douce les traversait parfois qui tombait de la lune et en attendrissait le relief, éclairant en alternance tout un peuple de poissons et de larves dont c'était le refuge. Il y avait là des vairons, bétail paisible qui broutait gentiment sur les tentures du grand herbier à l'entrée de chaque salle ; quelques chevesnes aussi et une troupe de blageons qui s'enfuirent à notre arrivée. « Ils préfèrent ce côté-ci de l'herbier, lui dit la femme-truite, car de l'autre commence le territoire du brochet. Et il a plus d'appétit que moi. »

La salle suivante était la salle des éclopés où une tanche recevait en consultation tous ceux que les pièges de la rivière avaient blessés, leur laissant toutefois la vie : les miraculés des cormorans dont la marque était imprégnée en oblique, du milieu du corps à la queue, le poisson s'étant échappé au moment où l'oiseau le retournait pour l'enfourner dans son bec. Il y avait aussi les troués du héron, que la bestiole, juste par jeu, avait

- *La Femme Truite* -

percés d'un coup de son bec et laissés invalides quand ils n'en étaient pas morts. Il y avait enfin les malheureuses victimes de la pêche, borgnes, édentées, estropiées de la mandibule, de loin les plus nombreuses et que l'on reconnaissait souvent aux décorations et accessoires divers reçus des pêcheurs en gage d'affection.

Il voulut traverser le plus vite possible cette dernière pièce, mais la truite ne l'entendait pas ainsi : « Tu dois voir les conséquences de ton commerce. » Il se résigna à la visite hospitalière.

La salle suivante était plus amusante. C'était la salle des trophées, dont les murs scintillaient de toutes les cuillers, leurres, mouches et autres streamers que les truites avaient dérobés aux pêcheurs, la plupart du temps dans la douleur. Ce trésor de guerre aurait pu constituer le stock d'un magasin de pêche. Il crut y reconnaître des pièces venant de ses propres boîtes et de celles de ses amis.

Ils arrivèrent enfin dans les appartements de la truite. Au centre était la couche de sa femme-truite, composée d'un très joli matelas de sable blanc partiellement couvert d'un baldaquin de tuf finement ajouré. À gauche de la couche, un faible courant assurait un approvisionnement régulier en larves, spents et insectes terrestres qui faisaient que la truite pouvait se nourrir sans quitter son lit.

- *La Femme Truite* -

« Viens t'allonger près de moi. »
Il pensa un instant à celle à qui appartenait cette voix là-haut, de l'autre côté du miroir de l'eau. Elle devait l'attendre, pas encore inquiète, seulement occupée à coucher les enfants. Il savait que son angoisse viendrait avec la nuit et qu'elle comprendrait en voyant la lune se lever. Sa gorge se serra.
« Pourquoi t'inquiètes-tu ? je suis là, c'est moi. »
Il vint docilement aux ordres du poisson, mais ne put l'étreindre. La truite, qui jusque-là ondulait paisiblement, se dégagea brusquement et se mit à trembler de toutes ses nageoires. Elle lévitait maintenant à la verticale de sa couche, le corps frissonnant, la gueule ouverte, les yeux révulsés. Elle fut bientôt prise de convulsions et un brouillard rose sortit de son ventre qui déposa sur le sable fin une multitude d'œufs minuscules. L'ovulation la prenait par saccades qui la propulsaient vers la voûte de la grotte, puis la laissaient retomber pantelante, comme surprise par ce qui lui arrivait avec deux mois d'avance sur la saison des amours. Son regard chaviré semblait dire au pêcheur :
« Alors qu'attends-tu ? c'est ton tour. »
Mais le pêcheur resta interdit, incapable de répondre à cette attente. Il sentait que ce corps vibrant mais froid n'était pas pour lui, qu'il ne pouvait se résoudre à l'aimer à distance. Il pensa qu'il n'y trouverait jamais cette

- *La Femme Truite* -

sensation de bien-être que lui apportait le tendre refuge de son aimée. Elle plaida :
« La vie, l'amour, la pêche, tu étais incapable de trancher, tu hésitais. Je suis la solution, la synthèse de tes désirs, ta femme-truite, grâce à qui tu n'as plus à choisir entre tes passions, puisque je les incarne toutes. »
Il voulut se tordre les mains, mais ne les trouva pas : son corps se transformait, à la place de ses bras poussaient deux moignons qui seraient bientôt des nageoires. Il essaya de s'enfuir, mais la truite le plaqua sur le sable de leur couche nuptiale. Elle ouvrit la gueule pour le mordre.
Un coup de rein désespéré le projeta hors du lit. Et sa tête cogna durement sur le parquet de la chambre.
« Mais qu'est-ce qui t'arrive ? »
C'était la même voix. Mais au-dessus de sa tête, penché sur lui, le visage de sa femme :
« Je ne t'ai pas entendu rentrer.
Il effleura sa tempe, à la fois pour vérifier qu'elle ne saignait pas et que c'était bien sa tête à lui, puis il s'étira, regarda sa femme et avant de se retourner, lui répondit :
– Moi non plus. »

- *La Femme Truite* -

Le baiser de l'ombre

Le cinquième jour, Dieu mit les poissons dans l'eau. Le sixième jour, les poissons se demandèrent si Dieu savait qu'ils étaient bien arrivés. Alors l'un d'entre eux se dévoua pour aller déposer un baiser sous la surface. Ainsi fut le premier gobage. Pour donner signe de vie tout en disant merci.

Ceux qui ne savent rien de la pêche à la mouche n'imaginent pas ce que peut représenter un gobage pour un pêcheur. La rivière est devant vous, toute plate ou frissonnante, elle s'étend langoureusement ou court joyeuse parmi les rochers. Bref, elle vit sa vie sans se soucier de vous qui l'observez, un peu intimidé.

Et voilà que le gobage apparaît, superbe, imprévisible. La minuscule déflagration silencieuse propage son onde en un seul cercle qui descend comme un cerceau au fil de l'eau. L'œil part avec le gobage. Il oublie – l'œil néophyte surtout – où le gobage a commencé. Le plaisir n'est-il pas de le suivre jusqu'au bout, jusqu'à ce qu'il disparaisse en laissant la promesse de son recommencement.

Car bien sûr, ce gobage n'était là que pour vous, rien

- Le baiser de l'ombre -

que pour vous, même si vous êtes trente à l'avoir vu.
Un gobage sur une rivière, c'est une femme qui vous lance une œillade, un visage qui s'illumine, le signe que quelqu'un veut vous parler.
Pendant des siècles, un peu partout dans le monde où des gobages apparaissaient à la surface des cours d'eau, les croyances populaires en ont donné toutes sortes d'explications. En Suède, on les prenait pour des éclosions d'elfes prenant leur envol à la tombée de la nuit, en Écosse on disait que la rivière exhalait le souffle des enfants perdus, en Croatie c'était les bébés poissons qui éructaient une fois leur tétée achevée.
Jusqu'à ce qu'un matin de printemps, au début du XVe siècle, un gentilhomme qui taquinait les farios à la sauterelle sur un radier de la Tweed se fasse interpeller par un poisson qui venait de gober et auquel il n'avait d'abord prêté aucun intérêt :
« C'est moi *Thymallus thymallus*, l'ombre commun, pas si commun que ça, je viens de prendre une mouche, proposez m'en une aussi belle et je la goberai aussi. »
Et la suite, toute la suite et toute la pêche à la mouche est contenue dans cette invitation.
Le gentilhomme se mit au travail et créa pour les seigneurs de la cour d'Orange le premier traité de pêche à la ligne. C'est là qu'il décrivait, dans son livre troisième, douze imitations d'insectes qu'il baptisa

« mouches ». Et la suite, toute la suite et toute la pêche à la mouche est contenue dans l'invitation de cet ombre et dans la réponse apportée par le noble pêcheur.

Et depuis que la pêche à la mouche existe, c'est à dire depuis qu'un peu partout dans le monde les amoureux des rivières ont renoncé aux fables et légendes qui portaient le mystère de ces signaux liquides, cette précieuse indication de la présence d'un poisson déclenche chez les pêcheurs une délicieuse fébrilité qui précède l'instant de la capture.

Première question : y a-t-il eu gobage ? La réponse n'est pas simple. Surtout si les observateurs sont nombreux et si leurs avis divergent. Car il y a des imitations, beaucoup d'imitations et l'imagination des pêcheurs est infinie. Toutes sortes de manifestations sont prises pour des gobages, alors qu'elles ne sont que chutes de grêlons, de cailloux, de branches et brindilles, jets de salives, tirs de chevrotines, remontées de gaz, rots de ragondins, pets de grenouilles ou bâillements de carpes. Il en est même qui ont vu gober là où il n'y avait pas d'eau.

Quand on est d'accord sur l'existence du gobage commence le débat sur la description du gobage. Est-il comme ceci, comme cela, est-ce la même chose s'il est rond ou s'il est ovale. Doit-on choisir l'approche

- *Le baiser de l'ombre* -

entomologique, l'approche poétique, l'approche amoureuse, clinique, digestive... On parle assez peu de l'approche marketing. Et pour cause : certains gobages sont carrément programmés à intervalles réguliers par les promoteurs de quelques parcours touristiques. La mouche est dans le coup, en général une mouche de mai pour que tout le monde la voie bien. Le poisson et l'insecte, qui a pris son élan depuis le fond, décollent ensemble. Ils effectuent un triple salto puis, en principe, chacun vit sa vie de son côté. Enfin, en principe.

L'approche commando en a surpris plus d'un qui fouettaient gentiment dans le noir au-delà de l'heure limite et que l'explosion dans leurs bottes d'une très grosse truite (elles sont toujours plus grosses la nuit) a failli envoyer par le fond.
Il y a aussi les gobages de faussaires, ceux que l'on vous vend pour une truite du kilo et qui ne sont le fait que d'une modeste vandoise. Demandez à tous ces spécialistes de la question de vous avouer dans un soudain accès de franchise, le nombre de fois où ils ont pris des blageons pour des ombres, confondu vairons et truites de mer. Comme les truites ratées, les gobages enflent avec le récit que l'on en fait.
Cela dit, interpréter un gobage n'est pas donné à tout le monde. Certains n'y comprendront même jamais

- *Le baiser de l'ombre* -

rien, incapables qu'ils sont aujourd'hui de faire la différence entre le gobage léger, susurré, minuscule, sensuel, du style : « Je remonte chéri ? » et le gros splash d'éconduite, violent, agressif, du genre : « Casse-toi, tu pollues avec tes waders en peau de phoque, ta soie fluo et tes mouches à la Rambo. » Ceux-là passent aussi à côté des gobages d'encouragement qui leur sont pourtant exclusivement destinés : « Allez, ne partez pas, essayez une dernière fois, mais avec autre chose que cette mouche à saumon. (Je ne suis qu'un petit chevesne). » Ils ratent aussi les gobages de connivence, les « Coucou, je suis là, viens jouer avec moi, je m'ennuie tellement sur ce radier. Il n'y a pas d'autres ombres cinq cents mètres à la ronde... »

Enfin, il y a les scientifiques, techniciens de l'onde, pour qui le gobage n'est qu'un système d'équations dont l'harmonieuse combinaison permet de donner l'âge, le poids, le sexe et la race du poisson ; sa taille, ses insectes préférés, ses antécédents halieutiques, s'il a déjà mangé le matin et l'état d'esprit dans lequel il convient de l'aborder, compte tenu de la température de l'eau, de la pression atmosphérique, de la tension superficielle et de l'âge du capitaine.

Avec les premières tentatives d'explication de la signification des ronds émis par les poissons a commencé la science de l'interprétation des gobages. Elle est née

- Le baiser de l'ombre -

avec les descriptions et analyses des maîtres anglais des siècles passés. Le *whirring noise* de Taverner pour qualifier la vibration aérienne du corps du poisson qui s'envoie en l'air, l'évocation du *satisfaction rise* (« pure montée en surface précédée d'une fossette allongée ») ou l'*investigating refusal* (refus après inventaire) chers à Bergman, ou encore la définition de tous les *sip, suck* et autres *slash*, ou au *smutting* de monsieur Halford. Toutes ces notions figurent en bonne place dans l'excellente évocation qu'en fit notre Pierre Barbellion national. Grâce à son *Truites, mouches, devons* publié aux éditions Maloine en 1948, il nous est plus facile de différencier le "tête et queue" (*head and tail*) du "tête à queue" (*bulge*), de dire des truites si ce sont des *cruisers* (croiseurs), des *travelling while rising* (qui se déplacent en gobant) ou des *casual feeders* (mangeuses d'occasion.) Grace à eux, grace à lui, nous pourrons nous y retrouver entre le double cercle simultané et le double cercle confondu, la pyramide, le *flush* et le *spotted ring* (anneau ponctué).

Mais cela ne suffira pas. Car ce qui compte, finalement, c'est l'appréciation que chacun peut faire du gobage qu'il croit destiné à lui-même.

Certains y reconnaîtront une manifestation d'aérophagie, l'aspiration gourmande d'une goulée d'air, le pendant de la goulée d'eau que le promeneur assoiffé

- Le baiser de l'ombre -

prélève à la surface de la source. Et tant pis si une mouche se trouve au cœur de la goulée… Personnellement, j'estime que le gobage est une expression d'amitié, une invite au dialogue, à la rencontre. Des baisers humides que les poissons nous adressent à distance. Du genre de celui qu'ils adressèrent le premier jour au grand architecte de l'univers.

Seccotine

J'ai une copine qui s'appelle Seccotine et qui a des idées bien arrêtées sur la pêche, les poissons, les pêcheurs et les relations compliquées qu'ils entretiennent les uns avec les autres. Ma copine sait de quoi elle parle. Son métier consiste à faire du lait au bord du Doubs pendant sept mois de l'année. Elle est donc la mieux placée pour parler en toute objectivité de l'halieutique microcosme.

Je fis réellement sa connaissance un beau dimanche de juin. Je prenais le soleil sur le grand pré en amont de la Sauçotte, sur le Doubs, à Goumois. Devant moi, deux petits baigneurs (la pêche en waders était ouverte depuis le 1er juin) se faisaient la main sur un banc d'ombrets. Ils alignaient les petits poissons d'argent comme des chapelets de saucisses, prenant soin de bien les remettre à l'eau avec tous les gestes que l'on enseigne dans les livres et les revues, satisfaits de leur boulot et du moment qu'ils passaient là, confortablement appuyés sur ce demi-fauteuil convivial que faisait la rivière à leur cul néoprène.

- *Seccotine* -

« Tu ne crois pas qu'ils exagèrent ? »
Je me retournai pour répondre, mais il n'y avait derrière moi personne d'autre que Seccotine, la chef du troupeau des pie rouge de l'Est, dont la lourde cloche m'accompagnait depuis un moment.
« Enfin quand même, ils exagèrent ! »
Une nouvelle volte-face ne me permit pas plus de débusquer le petit malin qui m'interpellait. Il était sans doute caché derrière la vache, à plat ventre sous une feuille de pissenlits, enterré dans un trou de taupes.
« Hé, lourdaud, c'est à toi que je parle… »
Seccotine me considérait d'un air pensif en ruminant paisiblement. C'était bien elle qui venait de m'adresser la parole.
« … Tu crois pas qu'ils pourraient laisser ces gamins un peu tranquilles ? »
Le temps de me dire que j'allais entamer un débat avec une vache – même si Seccotine faisait un peu partie de la famille, puisqu'elle m'accompagnait souvent au bord du Doubs, sans toutefois faire d'autres commentaires que les bruits et borborygmes propres à son espèce – et voilà qu'elle recommençait.
« … Sous prétexte qu'ils les remettent dans la rivière, ils se croient tout permis. J'aimerais voir si ça leur plairait que quelqu'un leur mette la tête sous l'eau dix fois de suite… »

- *Seccotine* -

Après avoir enfourné une bonne livre d'herbe et fait sonner sa cloche, Seccotine poursuivit :
« No-kill ! ils appellent ça du no-kill ! Mais ils feraient mieux d'en tuer quelques-uns et de foutre la paix aux autres. Je connais une truite qui s'est fait attraper quarante-trois fois. Si tu voyais sa gueule, on dirait la Bastille un soir de manif ou le pédalier d'un Vélib' après huit jours de grève…
– Là, c'est toi qui exagères !
– Ah, ça y est ! il parle le gauleux… Non, j'exagère pas. Ils en ont marre, les poissons du coin. Marre d'être pêchés sur leurs frayères, marre qu'on s'en prenne aux juvéniles, marre qu'on fasse durer le plaisir avec des fils trop fins.
– Faudrait savoir. Avant on nous reprochait d'être des tueurs et voilà que maintenant on ne tue plus assez. Ils sont quand même mieux que les viandards d'antan, non ?
– À peine. En tout cas, pas suffisamment pour leur donner le droit d'avoir bonne conscience et les dispenser de regarder où ils mettent les pieds et la soie avant de rentrer dans l'eau. Et surtout ce qui m'exaspère c'est leur côté Ayatollah-bons-apôtres. »
Et Seccotine fit brusquement sonner sa cloche comme si elle appelait à je ne sais quelle office les paroissiens du coin ; ce qui eut pour effet de faire déraper l'un des

pêcheurs qui tomba sur son postérieur et disparut un instant du paysage. Sa casquette partit doucement dans le courant, seule chose de lui qui restait visible.
« Mais, dis donc toi, t'étais pas aussi un peu no-kill ?
– Heu...
– Meuh, pas heu... T'as raison d'essayer de me rappeler que je suis une vache. Sauf que je suis une vache qui lit la presse. Et ton journal, c'est lui qui a lancé le mouvement.
– Tu ne peux pas dire ça. Le no-kill existe depuis des lustres, on a juste un peu participé au truc. Mais tu ne peux pas comprendre, tu ne connais que Goumois, tu devrais aller voir ailleurs, là où ils ont encore droit à dix truites par jour, quand ce n'est pas quinze, alors qu'il n'y a plus rien d'autre à attraper que des godasses et des tampons.
– Oui, mais il suffirait d'être raisonnable, poursuivit la vache, que le reste du troupeau rejoignait maintenant, appelé par la cloche.
– Justement, voilà le mot qui fâche. Dans ce pays, on n'est pas raisonnable. C'est tout ou rien. Quand c'est tout, c'est vraiment tout, on remplit les musettes, les congélateurs, les coffres à la banque et même les caveaux de famille. Et quand c'est rien, c'est pareil, mais dans l'autre sens. On est prêt à tout. J'en connais même qui seraient prêts à envoyer devant un

- Seccotine -

peloton d'exécution un pêcheur qui aurait mangé du poisson. »

Je crus voir une lueur dans l'œil de Seccotine. Elle nous connaissait bien, la laitière, depuis le temps qu'elle fréquentait les pâtures de la Franco-Suisse. Et des histoires de pêche, elle aurait pu en raconter. À peu près autant qu'elle avait produit de kilos de comté.

« À choisir, et si j'étais à leur place, je préférerais qu'on en tue quelques-unes et que l'on fiche la paix aux autres. Ce serait plus simple pour tout le monde. Pour les poissons, qui connaîtraient une paix relative jusqu'à l'instant d'une mort sans torture, et pour les pêcheurs, qui devraient prendre leurs responsabilités au lieu de se dédouaner en remettant des poissons estropiés dans des rivières peuplées d'invalides.

– Sais-tu que dans certains pays le no-kill est interdit ?

– Oui, je sais, en Allemagne par exemple. Et peut-être bientôt en Suisse.

– Mais je suis contre la manière forte, tempéra Seccotine, je préférerais que l'on éduque mieux les pêcheurs. »

À ces mots, les deux baigneurs, qui avaient enfin resurgi, cessèrent presque ensemble de fouetter, accrochèrent leur mouche à l'œillet de leur canne et achevèrent de traverser vers la Suisse.

- *Seccotine* -

« Et bien, Seccotine, ils t'ont entendue. »
Seccotine ne répondit rien. Elle reprit une bonne brassée d'herbe tendre et entreprit de se concentrer sur sa rumination paisible. C'est ainsi que commença notre relation. Depuis, quand je ne sais à qui parler ou plus simplement quand la compagnie de mes contemporains commence à me peser, je m'en vais, si la saison le permet, faire un petit bout de causette avec ma pie rouge de l'Est préférée.

- *Seccotine* -

Docteur La Tanche

Le docteur La Tanche est perplexe. C'est le troisième saumon que le Shamu lui amène en une semaine. Et celui-là, comme les deux autres, ne sait plus où il va, ni d'où il vient, ni qui il est. Bref, il est paumé.
Certes, Marie-Sardine La Tanche, psychiatre halieutique de son état, n'en est pas à son premier saumon. En trente ans, une bonne dizaine de grands *Salmo salar* sont venus s'allonger sur le divan de son cabinet, au 31 de l'avenue des Darses dans les fouilles de Draveil. Il s'agissait soit de rescapés de la souche de l'Yonne (pourtant officiellement éteinte depuis 1957), soit, le plus souvent, d'anciens tacons de foire, alevinés au petit bonheur la chance par quelques-uns des mille présidents de sociétés du bassin de la Seine au lendemain d'assemblées générales un peu trop arrosées. Mais cette fois, cela devient sérieux. Des saumons de nulle part arrivent par dizaines dans cet ailleurs qui doit tout au hasard.
Marie-Sardine s'est renseignée. Ils ont le même genre de maladie à l'étage au-dessus. Des bipèdes vont et vien-

nent, ne reconnaissent ni leur mère, ni leurs enfants et vont en aveugle sur les chemins de l'existence. Comme eux, les saumons du docteur La Tanche n'ont même plus la force de se poser cette essentielle question :
« Qui suis-je, ou vais-je et dans quel état j'erre ? »
Or cette triple interrogation est pour le saumon, plus que pour l'homme, la clef qui commande le moteur de leur vie. Savoir quand on dévale des monts de l'Auvergne que l'on y reviendra un jour, après avoir vu le monde, les phoques et le Groenland est mieux qu'une fiche d'état civil, c'est la feuille de route de toute une destinée. « Mais comment retrouver la frayère de son enfance quand on sort d'une boîte, demande le docteur. Celui de la semaine dernière se prenait pour une perche soleil, d'autres mangent du maïs, mon dieu quelle époque ! »
Le cabinet du psychiatre ne désemplit pas. Il n'y a pas que des saumons en perdition. Le docteur La Tanche voit de plus en plus de stress hydriques, d'angoisses existentielles, de dépressions fluviatiles. Un mal étrange, encore inconnu il y a plus de dix ans, se répand peu à peu dans nos fleuves et nos ruisseaux, gagnant même ceux à qui cela ne risquait pas d'arriver. Ce mal étrange, c'est la peur de manquer d'eau. Bien sûr, il y a eu le récit des survivants des grandes sécheresses, des rescapés de mares putrides, de ceux qui ont vu partir amis et familles quand l'ogre vert prenait jusqu'à la dernière goutte de ce qui

leur permettait de vivre. Mais cela n'explique pas les peurs paniques des pensionnaires des grands fleuves et rivières. A-t-on jamais vu la Seine se traverser à pied entre les ponts ?

Le cabinet du docteur La Tanche fait partie d'une clinique qui ne ferme jamais. Trois sœurs de Marie-Sardine y pratiquent la chirurgie, la stomatologie, la gastro-entérologie et la dermatologie. On y soigne les pathologies de la période d'ouverture qui relèvent plutôt de la chirurgie et celles de la période de fermeture, maladies infectieuses, mycoses et troubles de la personnalité. Tout ça fait des clients qui accourent par centaines de toutes les rivières et canaux des bassins de la mer du Nord et de l'Atlantique, qui se laissent glisser depuis les ruisseaux du Morvan ou remontent dans la douleur le cours sulfureux de la Seine. Des centaines de patients qui arrivent jusqu'à cette fouille de la providence, qui prennent sagement leur place sur les graviers tapissés d'algues soyeuses de la salle d'attente de la polyclinique de la Darse, qui viennent plein d'espoir confier leurs misères aux nageoires expertes de ces praticiens des ondes.

Les poissons ne sont pas douillets. Quand les clients sonnent à la porte c'est qu'ils ont vraiment quelque chose, que le brochet perd ses dents, que le goujon frétille moins ou que la brème commence à sentir le gaz. Il paraîtrait

- *Docteur La Tanche* -

qu'à une époque, du côté de Gonfreville, il était interdit de fumer à moins de dix mètres d'une brème.

Les sœurs La Tanche ont une excellente réputation. Leur métier a bien changé. Autrefois, la majorité des poissons se contentaient de venir se frotter contre elles, se satisfaisant d'un peu de réconfort et des vertus cicatrisantes du mucus qui recouvre leur robe. C'était la bonne époque des vraies maladies de poisson, des parasitoses en tous genres, des mycoses et autres virus à eux réservés. Et puis est venu le temps des poisons, des récurages au cyanure, des lavages d'estomac à l'arsenic, des cirrhoses au gazole, ou plus discrètes, des prises de poids suspectes par stockage de métaux lourds, détournement de mercure, abus de plomb, surdoses de pyralène. Il a fallu s'adapter, trouver de nouveaux remèdes à des maux inconnus.

Les empoisonnements n'ont pas diminué, au contraire. Mais on fait moins dans le lourd. Dépassée la métallurgie, maîtrisées les infections misérables, la virémie printanière de la carpe, les furonculoses et autres mousses de chantier, les nouveaux défis de la polyclinique La Tanche sont la maladie rénale proliférative qui anéantit truites et brochets, la nécrose hématopoïétique infectieuse, l'invasion des arguloses et parasites apparentés. Les plus terribles de ces nouvelles malédictions sont les cyanobactéries. Elles naissent des mauvais traitements

- Docteur La Tanche -

que les humains font subir aux rivières. Elles sont minuscules, efficaces et deux fois mortelles. La première fois, elles empoisonnent plantes et poissons de pleine eau, seules les carpes, les tanches et les rotengles y résistent, les autres claquent du bec avant de se résigner aux écrevisses. Mais ce n'est pas fini, les cyanobactéries sont concentrées dans les végétaux détruits, elles tuent alors les poissons fouisseurs, les carpes, et aussi les tanches quand elles volent au secours des victimes.

C'est dire si les sœurs La Tanche font un métier difficile. Le côté chirurgical n'en est pas le plus simple. Car la chirurgie aussi a dû évoluer, de plus en plus d'extractions compliquées, de triples en alliage plantés dans les branchies, de métaux spéciaux qui cassent les fraises de la roulette et s'incrustent dans les mandibules.

Alors, quand survient de surcroît une épidémie de divagation saumonière, il ne faut pas s'étonner que les sœurs La Tanche aient de plus en plus de mal à poser un diagnostic. Même si Marie-Sardine a son idée sur les raisons qui attirent vers la Seine les saumons à l'esprit dérangé : pour elle, c'est parce que Paris, comme Londres, New York ou Tokyo, est une ville qui sent le saumon, qui exhale la chair du saumon que des centaines de gargotes proposent à leurs clients inconscients, une ville dont l'efficacité olfactive est un piège involontairement tendu aux poissons égarés…

Le rendez-vous

La touche n'avait rien eu de particulier. Rien ne l'avait distinguée des précédentes. Franche, soudaine, brutale. Une tirée de poisson frais, à peine arrivé de la mer. Pourtant, il sut immédiatement que c'était lui. Le saumon, qui donnait des grands coups de tête à l'autre bout de sa ligne, comme pour lui dire « oui, oui, c'est moi », était bien celui avec lequel il avait rendez-vous. Il était incapable de dire à quel moment exact le rendez-vous avait été pris, mais le fait ne faisait aucun doute.

Il pensa d'abord à cet instant dans l'Airbus de Rossia qui survolait la mer de Barents où il avait eu comme un flash, la vision de son poisson faisant route comme lui vers la presqu'île de Kola. Cette image s'était imposée à lui avec une telle force que des larmes lui étaient venues, nées de l'émotion que l'on ressent à l'idée qu'un être cher dont on est séparé depuis de nombreuses années, est là, tout proche, à 12 000 mètres de vous qui pensiez déjà à lui quand il était à 7 000 kilomètres. Nées aussi de ce qu'il avait enfin la réponse à

- *Le rendez-vous* -

une question qu'il se posait depuis quelque temps, depuis ses soixante ans exactement, un âge où l'on commence à se poser toutes sortes de questions existentielles. Et parmi les questions il y avait celle de la pêche. Pourquoi y va-t-on, pourquoi y retourne-t-on, surtout si ce n'est plus pour manger du poisson ?

Sur le moment, il n'avait pas trouvé de réponse. Il allait à la pêche comme d'autres jouent aux boules, au golf ou à la poupée. S'il fallait trouver un sens à toutes les choses bizarres que l'on fait dans l'existence...

Et puis un matin, au sortir d'une de ces nuits où la trahison du sommeil amène à s'interroger sur le sens des choses, la réponse à sa question s'était imposée à lui, lumineuse, évidente : s'il allait à la pêche, c'est qu'il avait rendez-vous avec le poisson.

Il se souvenait très bien de cet instant. C'était peu de temps avant son voyage en Russie. Il était donc sûr que le rendez-vous pris avec son saumon remontait à ce moment précis. Mais il ne parvenait pas à retrouver l'essentiel qui était le passage d'un principe général s'appliquant à une troupe de saumons en route vers ses frayères, à cette promesse de rencontre avec un saumon bien identifié, dont il était certain qu'il le reconnaîtrait face à face.

Les présentations avaient dû se faire dans l'arrière-cour de sa conscience, quelque part entre Saint-

- *Le rendez-vous* -

Pétersbourg et Mourmansk. Finalement, il avait cessé de penser à cette troupe joyeuse de grands poissons argentés, pour ne plus imaginer que la progression de l'un d'entre eux qui, peut-être, était en train de se poser les mêmes questions que lui, à moins qu'il ne soit déjà occupé à scruter le ciel d'où allait surgir l'hélicoptère qui amènerait son pêcheur sur la Ponoï.
Ce pêcheur dont le saumon savait déjà qu'il le relâcherait après, leur rencontre étant, pour le poisson en route vers son destin, une manière d'ultime répétition du final tragique de son existence.
Certes, un saumon sait tout de la mort dès le jour où il a été alevin, puis tacon, puis smolt. La mort a été sa compagne de chaque instant. Elle ne l'a jamais quitté pendant ses voyages, quand il fuyait les dents des phoques, qu'il échappait à la morsure des filets. Elle est en lui, comme une seconde nature qui s'impose en douceur lorsqu'il remonte le cours de sa jeune existence en se hâtant vers sa frayère. Le saumon est l'un des morts-vivants les plus aboutis de la création : il a déjà bien avancé sur le chemin de sa décomposition lorsqu'il exhale son dernier soupir. Moins que l'homme, *Salmo salar* n'échappe au cancer. Son cancer à lui s'appelle la vie. Les rémissions y sont rarissimes. Quelques sujets particulièrement vigoureux, on les dit "ravalés" se laissent porter – créatures faméliques,

- Le rendez-vous -

vidées de leurs forces, mais à l'énergie intacte – par la rivière qui les rend à l'océan pour un deuxième voyage. Ceux-là doivent d'abord échapper aux flétans.

Les autres, tous les autres, une fois leur devoir accompli, finissent en protéines pour tout ce qui vit sur le cours supérieur d'une rivière.

Et l'idée qu'il était dans un film qui avait toutes les chances de mal se terminer ajoutait encore à l'émotion du pêcheur. Ce saumon qu'il n'avait pas encore rencontré n'était-il pas devenu un ami, un proche dont l'avenir très incertain (pour ne pas dire totalement compromis) était pour lui une réelle préoccupation.

Dans sa rêverie, il se prenait à examiner toutes sortes de raisons qu'il avait de considérer que le saumon était le meilleur ami d'hommes comme lui, qui avaient la passion des grands voyages et une considération particulière pour les grands voyageurs.

L'image du saumon ne le quitta plus pendant tout le reste du voyage. Le poisson descendit avec lui de l'avion de Mourmansk, il fut avec lui à l'hôtel Poliarnie Zori, et au Ledokol, le night club de l'hôtel (« *We are always glad to see you* »), où l'un de ses compagnons de route croisa une belle esseulée qui voulait tromper à la fois son ennui et son mari. Il se demanda, à propos de ces deux-là, si les saumons pouvaient faire ce genre de rencontre, mais se dit bien vite que le réchauffement

- *Le rendez-vous* -

de la planète devait leur ménager d'autres surprises comme des bouts de chemin avec des dorades coryphènes ou des duels avec des barracudas. Et le saumon fut encore avec lui dans l'imposant hélicoptère orange et bleu qui les emportait vers la Ponoï, dans le vacarme de ses vieux rotors fatigués par des années et des années de rotations au-dessus de Kola, dans un décor de boulots et d'épicéas rachitiques, où l'eau omniprésente n'est jamais que de la neige en sursis, où les hommes tombent du ciel quand les poissons sortent de la mer. Oui, le saumon était avec lui dans cette libellule de quelques dizaines de tonnes où ils étaient entassés sur des sacs et des cartons, au milieu des étuis de cannes, échangeant des tournées de gins tonic improvisées avec un groupe de Finlandais ; dans ce coucou d'acier que l'on aurait très bien vu emporter quelques années plus tôt son chargement de trouille et de mort au-dessus des vallées afghanes...

Et il fut à pied d'œuvre et la pêche commença. Et avec elle, les premiers poissons, une truite de mer d'abord, suivie de deux grisles, et d'une belle femelle de dix livres. À chacun il avait envie de demander des nouvelles de son ami. Etait-il arrivé ? savaient-ils dans quel pool il pouvait se trouver ? Mais la question restait sur ses lèvres. Elle était inutile. La réponse viendrait toute seule.

- *Le rendez-vous* -

Elle ne tarda pas. Le saumon prit sa Cascade au premier passage, une bonne sonnée bien franche qu'il attendait depuis un mois, une sonnée si bienveillante qu'il ne douta pas un instant qu'elle ne puisse provenir de son ami. Le saumon fut dans ses mains en quelques minutes, sa robe d'argent ruisselante des eaux de la Ponoï. Le pêcheur décrocha délicatement la mouche tricolore aux tinsels d'or et donna de l'air au poisson. Puis, après avoir échangé un regard qui paraissait vouloir dire :
« On étaient tous les deux à l'heure. »
Le pêcheur raccompagna le saumon à la porte de la rivière.

Cinq jours plus tard, quand l'hélicoptère du retour (le même qu'à l'aller) survola Junction pool, un grand poisson salua le départ des pêcheurs d'un très joli saut, un mètre au-dessus de la rivière. Chacun y alla de sa petite explication : il leur souhaitait bon retour au pays, il les remerciait de l'avoir épargné, il leur faisait la nique, et quelques hypothèses encore plus farfelues. Seul notre pêcheur ne dit rien. Lui savait que le grand saumon venait de lui dire au revoir.

Monica

Le saumon est une femme. Il en a la grâce, l'endurance et la détermination. D'ailleurs, seuls les saumons peuvent égaler une femme dans l'art de faire cavaler les hommes. C'est sans doute pour cette raison que l'on a donné des noms de femme à quelques endroits où les hommes ont beaucoup cavalé après les saumons. Monica est un de ces lieux bénis des dieux, peut-être le plus beau, un courant de près de quatre cent mètres (le Monica run) qui relie deux pools formidables (le Monica du haut et le Monica du bas) sur la rivière Kola dans la presqu'île russe éponyme, où la densité de *Salmo salar* fait penser certains jours aux heures chaudes du RER A entre Châtelet et Gare-de-Lyon. Une bredouille à Monica n'est pas donnée à tout le monde (j'ai failli y parvenir, mais un gros grisle en fin de journée ne l'a pas permis). À Monica, les saumons sont à la fois nombreux et bienveillants. Ils se prennent de passion pour votre mouche quand elle défile dans ce courant sublime, le plus beau du monde d'après cet habitué des plus fameux pools de la planète, un

- *Monica* -

courant qui fait voyager votre Cascade ou votre Green Highlander en première classe, ni trop vite, ni trop fort, juste comme il est nécessaire pour que leurs parures les présentent sous leur meilleur jour. Autour, les poissons font des galipettes, des remous, des sauts, quelques touchettes sans conséquence. Et puis très vite, comme dans toutes les maisons de rendez-vous, ça téléphone.

La vraie Monica existe, je ne l'ai pas rencontrée, mais il me paraît urgent de préciser à ce stade du récit que c'est une femme dont la vertu ne se prête guère au genre de métaphore douteuse employée à propos de son pool. Monica n'est peut-être pas la plus belle femme du monde, mais le fait d'avoir donné son nom à l'un des plus beaux pools de la planète lui confère une sorte de magistère d'émotion dans l'inconscient des pêcheurs. On ne devient pas sans raison la marraine d'une avenue si glorieuse, une avenue qui ravale Sunset boulevard au rang de vulgaire rocade à Chateauroux...

Emmener une femme à la pêche n'est pas une mince affaire : soit cela se passe tout de suite mal et vous avez vraiment intérêt à avoir tenté l'expérience à proximité d'un aéroport, soit il vous semble qu'elle aime ça, surtout pendant les deux premiers mois de votre idylle.

- *Monica* -

Vous vous prenez alors à rêver d'une compagne halieutiquement correcte et vous en oubliez que vous lui avez dit :
« Je t'emmène pêcher le saumon en Islande, on pêchera le jour et on s'aimera la nuit », sans lui préciser qu'à cette saison, en Islande, il n'y a pas de nuit. Ce qui ne vous paraissait pas essentiel puisque, pour le moment, elle a l'air très contente comme ça, tapie derrière vous qui guettez le poisson, oubliant que pour elle le poisson, c'est vous…
Et puis, il y en a quelques-unes, comme Monica, qui aiment vraiment la pêche, et auxquelles les hommes donnent à pêcher, soit par galanterie soit par condescendance, les parcours les plus faciles. C'est ce qui se passa pour Monica.

Monica, donc, était américaine. Elle a débarqué un matin de 1995 en compagnie de son compagnon, un Ecossais fortuné, dont elle partageait la vie et un peu la passion pour les saumons. Le couple était venu à l'invitation de Bill Davis, un Américain de l'Arizona marié avec la fille d'un des nouveaux maîtres de la Russie, qui fut le véritable découvreur des somptueuses rivières de la péninsule : la Yokanga, la Ponoy, l'Umba, la Warzuga ou la Rinda… Bill Davis les perdit les unes après les autres et dut se contenter finalement de la Kola, grande artère à saumons qui termine son

- *Monica* -

cours tumultueux dans les parages de Mourmansk. La Kola n'avait jusque-là intéressé personne d'autre que les pêcheurs au filet – fournisseurs des militaires et de la mafia locale – et les innombrables braconniers qu'une économie de survivance poussait à cette coupable industrie.

Bill Davis, le bad boy de l'Arizona, comprit très vite que la Kola, malgré son côté banlieue, était une pépite. Il réussit à obtenir de Boris Richepa, le très puissant patron de la fédération de pêche régionale, la concession des plus beaux pools de cette rivière publique, où seuls les saumons étaient restés communistes. Il y improvisa un lodge dans l'ancienne maison de vacances des jeunesses socialistes et c'est ainsi que, quelques temps plus tard, on proposa à Monica de pêcher ce grand courant facile auquel elle allait donner son nom après y avoir aligné et relâché dans la journée dix saumons qui pesaient exactement entre dix et trente livres.

Une légende était née. Il ne restait plus qu'à baptiser les autres pools du parcours, ce qui fut fait sans trop de précipitation (l'un d'eux se nomme toujours *no name*). Et à faire venir les clients attirés du monde entier par les sirènes de Monica.

Car le grand courant et ses deux pools confirmèrent bien vite tout le bien que leur marraine américaine

- *Monica* -

avait pensé d'eux. Il est impossible de dire avec certitude qu'il y a plus de saumons qui s'arrêtent ici que dans les autres pools. Mais ceux que vous y rencontrez vous font l'effet d'avoir fait tout ce chemin pour se retrouver là, un peu comme si, dans leurs années tacons, au moment où ils se préparaient à descendre vers la mer, leur maman leur avait dit :
« Tu vois ici, c'est Monica. Un jour, si les gros flétans ne te mangent pas, tu y reviendras ».
Pour eux, Monica n'est pas une banale maison de passe, c'est l'antichambre joyeuse de leur destin. Un pool complice autant pour les saumons que pour les hommes qui y reçoivent ce qu'ils méritent (grosse pêche ou quasi-bredouille) sans qu'il soit possible de savoir s'ils relèvent du registre de la malchance, de la maladresse, ou de la consolation. Ce n'est d'ailleurs pas le problème des saumons. Eux se reposent, prennent leurs aises. Ils savent que la suite ne leur laissera guère le loisir de prendre du bon temps. Alors, ils en profitent, jusqu'à ce que le Monica du haut les réveille par le tumulte de ses eaux, juste avant l'autoroute impersonnelle qui les emmènera directement au pool du cimetière, avec ses minuscules clôtures de métal aux couleurs pastels, ravivées par les fleurs naturelles et en plastique que les Russes aiment à disposer sur la tombe de leurs parents.

- *Monica* -

Le cimetière donne aux saumons comme aux hommes une idée de ce qui les attend. Entre une friche industrielle, un champ de patates, et la voie de chemin de fer Saint-Pétersbourg–Mourmansk. Ce cimetière de la Kola éclaire de ses taches vives un décor en noir et blanc huit mois par an. Les cimetières russes sont gais et colorés, l'espérance de vie des mâles de ce pays étant de 54 ans, mieux vaut soigner les abords de son futur déménagement…
On enterrait ce matin-là un enfant. Sur la petite caisse en bois, on avait disposé ses jouets préférés : un camion,

un ballon, une pelle et un petit maillet. En contrebas, sur la rivière, les mouches ont cessé leur défilé.

Plusieurs habitués de la Kola ont déjà assisté à ce genre de scène. Ce n'est pas la seule raison qui leur fait détester le pool du cimetière : à force de voir passer des pêcheurs et des saumons, les morts de la Kola, sont devenus des experts dès leur plus jeune âge. Ils savent mieux que personne si le lancer est bon, si la mouche passe bien, si le pêcheur comprend quelque chose au poisson. Ils savent, eux, vraiment, si le saumon est une femme. Ou si c'est l'inverse.

La rivière aux lucioles

C'était une de ces nuits blanches et sans lune comme savent en produire les étés arctiques. Le soleil et les moustiques venaient de quitter la scène le temps d'un entracte, remplacés par un léger rideau de brume qui habillait la Yokanga d'un voile de mystère. Il me sembla qu'une lumière très pâle éclairait le fond du pool, une lumière, ou plutôt un reflet né du déplacement de dizaines de minuscules lucioles qui allaient et venaient ou scintillaient immobiles au travers des eaux sombres de la grande rivière. Le pool faisait penser au cadran d'une montre des années soixante dont les aiguilles et les repères fluorescents auraient été frappés de divagation, ne donnant plus l'heure mais l'humeur des courants. Intrigué, j'envoyai ma mouche faire un tour du côté des lucioles. Une belle grande mouche grise et jaune, du genre pas farouche, avec assez de tinsel pour être remarquée et une bonne plume de héron pour séduire les saumons ; la sorte de mouche que l'on n'a plus le droit de fabriquer puisque les hérons sont protégés (au cas où les cormorans viendraient à manquer).

- *La rivière aux lucioles* -

Ma mouche n'intéressa pas les lucioles. Je leur proposai une imitation de crevettes. Sans plus de succès. Les lucioles étaient peut-être déjà des crevettes lumineuses bien plus sexy que mes crevettes en poil de cervidés et les saumons n'avaient aucune raison de laisser la proie pour l'ombre. J'essayai autre chose, un peu au hasard, des classiques comme la King Alexandra, des bretonnes de Yan Le Fèvre, des danoises de Jorgensen et quelques autres encore que je sortis de ma boîte pour les baptiser plus que par réelle conviction. Et tout ce défilé passait au travers des lucioles sans susciter la moindre petite secousse, en donnant la fâcheuse impression que les saumons et pas seulement eux, mais aussi les truites et les corégones qui ne se gênaient pas d'habitude pour mettre un coup de tête dans une Hairy Mary, avaient déserté le pool, sans doute chassés par cette lumière si peu naturelle.

La Yokanga est l'une des plus belles rivières à saumons de la planète, c'est aussi la plus mystérieuse, celle dont les poissons ont vécu des années durant au rythme de la guerre froide dans la terrible complicité des grands sous-marins de la flotte nucléaire soviétique. Trente mille hommes travaillaient jusqu'à ces dernières années dans une base de maintenance construite à son embouchure, des ingénieurs et techniciens qu'un astucieux piège, sorte de madrague à saumons ravitaillait

- *La rivière aux lucioles* -

en protéines de *Salmo salar* tout au long de la saison. Je savais que la base avait été aux trois quarts démantelée et les droits de pêche rachetés, mais le mystère lui était toujours là, bien présent sous la forme de ces lucioles humides dont je ne savais pas si elles avaient remplacé les saumons, si elles les avaient dissous dans leur lumière d'outre-tombe ou si elles les avaient chassés, refoulés vers la haute mer, en exil de leurs frayères, condamnés à une injuste stérilité.

C'est en surface qu'un commencement de réponse me fut apporté : les saumons étaient toujours là, il en restait au moins un. Une double clé sur la hampe d'une Jock Scott fut à l'origine de cette réponse. Cette petite manipulation permet de faire draguer la mouche en surface en créant un sillage que les saumons de certaines rivières ne dédaignent pas. Je fis donc faire du ski nautique (on dit du *rifling hitch*) à ma mouche dans l'échancrure d'une tête de courant, en queue du grand pool, à l'endroit où il me semblait que l'intensité de la lumière était la plus forte. Et je vis distinctement deux lucioles se rapprocher du léger sillage de ma skieuse, dont la fuite me parut soudain vaine. La paire de lucioles fut sur elle en une fraction de secondes et ce fut l'explosion : le fuseau d'argent du grand saumon survola ma Jock Scott et retomba lourdement sur la ligne, se vautrant sur la mouche qu'il venait de négliger.

- *La rivière aux lucioles* -

Je changeai d'artificielle, mais poursuivis l'expérience du *rifling hitch*. Les trois mouches suivantes griffèrent le pool de la même façon mais sans déclencher la moindre réaction parmi les lucioles, dont il m'apparaissait maintenant qu'elles voyageaient par paires et qu'il s'agissait de paires d'yeux de saumons. Le pool, loin d'être désert était tapissé de poissons, de saumons sûrement, mais peut-être aussi de truites et de corégones aux yeux brillants, qui me faisaient de l'œil bifluoré.

Le grand saumon ne revenant pas, je me souvins d'un bomber canadien, un machin rose hérissé de poils fluos qui ressemblait étrangement au bijou que la stripteaseuse du Russlandia Poliarnie Zori Hotel de Mourmansk portait dans le nombril. Le style de mouche dont on a suffisamment honte pour la tenir à l'écart dans une boîte spéciale au fond d'une veste à l'abri des regards. Les Canadiens sont les spécialistes de ces montages baroques que doivent leur imposer leurs femmes pour les laisser partir à la pêche. J'accrochai donc le bonbon bomber en pointe de ma ligne et me mis en devoir de lui faire faire un petit tour de pool. Je dois dire que le bonbon draguait bien, si bien qu'il ne dragua pas longtemps : un énorme remous l'arracha bien vite à mon affection. Je laissai partir un mètre de soie, puis bloquai la ligne.

- *La rivière aux lucioles* -

Quelle secousse ! ils étaient au moins deux à tirer tellement ça tirait. Ma 15 pieds Sage fit le dos rond et le Maxima 40/100e se prit soudain pour une corde de la guitare de Jimmy Hendrix arrachant à mon vieux Loop une plainte d'instrument désaccordé. Mon poisson (comme je l'appris à sa première chandelle, il était seul) se comporta tout d'abord comme un saumon normal, c'est à dire qu'il remonta dans le pool, au pays des lucioles, pour sonder au plus profond du courant. Il paraissait s'amuser, venant par moments se ranger aux ordres de la Sage, le temps de me gratifier d'un éclair de nageoire, d'une œillade lumineuse, puis démarrait à la manière d'un troisième ligne centre All Black emportant tout sur son passage. Une fois, il décida de changer de pool et fit ce que les saumons ne font jamais dans les livres : il dévala quatre cents mètres de rapides avec moi derrière, franchissant les fossés, glissant sur les lourds cailloux de la Yokanga, suppléant un baking prévu pour des saumons civilisés. Dans le second pool, où se poursuivit le combat, il y avait encore des lucioles mais qui cette fois paraissaient s'écarter sur son passage, formant un grand couloir sombre qui m'indiquait assez bien la direction de ses ruades.
Il dut comprendre que cela m'avantageait et je le sentis devenir raisonnable. Pourtant, il ne consentit à venir au blanc qu'une bonne dizaine de minutes plus tard, et

- La rivière aux lucioles -

encore, ce fut pour tenter de confier l'inertie de sa masse à l'accélération du courant qui fermait ce second pool, s'en remettant ainsi à la rivière pour renverser le cours de la bataille qu'il était en train de perdre. Et puis, il vint dans ma main, tout seul, franchement, tranquillement, comme s'il avait enfin compris ce que je lui voulais :

« Relâche-moi pêcheur, ils ont encore besoin de moi, je suis un guerrier, un grand saumon de Kola, j'arrive d'un pays où la nuit dure douze mois, où mes yeux me permettent d'escorter les grands orques gris dans l'immensité noire des abysses où même les phoques ne vont pas. Hier, j'ai vu des hommes comme toi, la face écrasée contre les hublots de l'orque de fer. Depuis, mes yeux brillent plus que d'habitude, ils brûlent du soleil du Koursk, ils brillent de la douleur des marins perdus, ils brillent des larmes des parents des marins perdus. Comme tu me vois pêcheur, j'arrive du Koursk, de sa grande carcasse tordue gardée par douze flétans d'airain où dorment cent petits hommes comme toi. J'étais il y a quelques heures encore devant l'église Saint-Nicholas, aux pieds d'Alyosha, le guerrier de fer qui veille sur la porte de Mourmansk. J'ai lavé mes yeux brûlants à l'eau sacrée des grands samovars et je finis mon voyage vers la frayère de mon enfance, où sont nés les parents de mes parents, où naîtront les

- *La rivière aux lucioles* -

enfants de mes enfants, tous soldats, tous serviteurs des grands orques de fer qui nous emmènent et nous ramènent du Groënland, qui nous protègent des flétans et des phoques et des filets malsains, et que nous escortons aussi le long du Murmansky Bereg, jusqu'à ce qu'ils parviennent à Harlovka, Severomorsk ou à notre base de la Yokanga.

Relâche-moi petit homme, la lumière du jour brûle mes yeux, remets-moi dans l'eau pour que cesse la morsure de l'air, laisse-moi reprendre ma route, je serai bientôt à la maison, apaise le feu de mes yeux.»

D'un coup de pince, je fis sauter le bomber et le grand saumon que plus rien ne retenait, retourna d'un coup de queue majestueux dans le plus profond du pool.

J'observai un instant les deux points lumineux s'enfoncer dans le courant pendant que le soleil faisait sa réapparition. Une minute plus tard, je réalisai que les lucioles avaient disparu.

Appâter au brochet

Le brochet a un sens assez particulier de la famille. Son principe : pourquoi aller chercher ailleurs ce que l'on a sous la main. Sa règle : à taille égale ou presque, c'est le premier qui ouvre la gueule qui engloutit l'autre. Donc, chez les brochets, les femelles mangent les mâles, les parents, les enfants et les cousins, les cousines. Certains dictons paraissent ainsi avoir été créés pour lui : « qui aime bien, châtie bien », « il tuerait père et mère », « on en mangerait », « ventre affamé n'a pas d'oreilles ». Dans les dîners brochet, les convives peuvent successivement être derrière et dans l'assiette, et à la communion du petit, c'est souvent le petit qui fait la pièce montée.

Du coup, il serait tentant de pêcher le brochet avec un brochet – ce qui est interdit – ou avec une imitation de brochet. Ce qui est autorisé, mais nettement moins efficace, un clone en plastique ne pouvant, chacun le sait, mieux éveiller l'appétit qu'une cousine germaine. Mais pourquoi ne pas appâter au brochet ? Je peux vous le dire, ça marche. Et il m'est arrivé d'en profiter.

- *Appâter au brochet* -

Jusqu'à ce samedi d'octobre, je croyais naïvement qu'il y avait deux types de pêcheurs : ceux qui amorcent et ceux qui n'amorcent pas. Auxquels correspondaient naturellement deux types de poissons : ceux que l'on amorce et ceux que l'on n'amorce pas. Personnellement, je me rangeais plutôt dans la catégorie des "qui n'amorcent pas" sans pouvoir dire si ce choix tenait à la paresse ou au sentiment coupable de tromper deux fois le poisson, en l'appâtant, puis en le pêchant. Et même s'il m'était déjà arrivé d'agiter mes orteils dans le sable pour exciter les goujons, d'offrir des tourteaux de chènevis en guise d'apéritif aux gardons ou de brouméger dans l'écume pour attirer les sars, je n'étais pas de ceux qui se remplissent la bouche des asticots qu'ils destinent aux truites, ni de ceux qui titillent les silures avec des portées de chatons, ni de ceux qui traquent le cabot au sang, le requin au prisonnier de guerre, la truite au lait caillé, le saumon aux œufs de truite, la tanche au Ricard, la carpe à la fraise et l'ablette au chanvre indien…

Jusqu'à ce samedi d'octobre, je ne rangeais pas non plus le brochet dans la catégorie des poissons qui s'amorcent. Je pensais encore avec naïveté que monsieur Esox était plutôt du genre direct, pas chipoteur pour un sou, en tout cas, pas du genre à se laisser tenter par ces agaceries apéritives qui font le bonheur du

- Appâter au brochet -

commun des cyprins. Pour moi, un brochet ne faisait jamais semblant de passer à table, et nombre de mes cuillers pouvaient témoigner de la solidité de son coup de fourchette. Quand il mange, il y va franchement : outre sa famille au grand complet, il pourrait avaler n'importe quoi : des lombrics, du maïs, du blé, des bouillettes et même des chewing-gums Hollywood ou des cuillers en forme de canette de Coca ou de bière avec bavettes et hameçons triples.
J'étais sûr, en revanche, que rien ne peut tenter un brochet qui n'est pas décidé. J'avais tort dans les deux cas.
Car ce matin d'octobre, j'eus la preuve que le brochet s'amorçait comme n'importe quel autre poisson. Une amorce certes assez dispendieuse, mais dont l'efficacité fut immédiate : j'attrapai des brochets que l'on venait d'appâter... au brochet.

Nous sommes, mon ami Freddy et moi, dans notre barque de la Goule, lui au vif, moi au manié, attendant patiemment une hypothétique reprise de l'activité après plusieurs semaines d'accalmie.
Arrive la voiture des gardes.
« Salut...
– Salut !
– On peut dire que c'est votre jour de chance...
– ...

- *Appâter au brochet* -

– Puisque vous êtes au brochet, on va vous donner un petit coup de main. Tiens, Fabrice, passe voir un seau... »
Et le Fabrice se dirige vers l'arrière de la camionnette, en revient avec deux seaux, dont chaque garde se saisit pour en déverser le contenu, d'un mouvement ample et généreux, dans la retenue, à moins d'une trentaine de mètres de notre barque.
« On vous en a mis une bonne quarantaine entre 25 et 35 centimètres. Vous verrez, ils sont bien vigous. Et tant mieux si vous en touchez un ou deux, ça les vaccinera pour un moment, le temps d'en faire des beaux becs à 8 livres pièce. »
Et les deux gardes de remonter dans leur voiture de service, manifestement satisfaits de leur effet et prêts pour un nouvel alevinage dans un autre coin du lac :
« Et surtout, ajoute Serge, le chef, profitez-en bien aujourd'hui, parce que cela risque de ne pas remordre avant quelques semaines. C'est vrai ça, Fabrice, j'ai remarqué que quand on alevine en brochetons, on ne prend plus un brochet correct avant un bon moment. Ça doit les gaver... »
Nous regardons partir la voiture des assermentés avec des pensées moroses :
« Tu crois vraiment que l'on ne va plus rien prendre de la matinée ? »

- *Appâter au brochet* -

– Pour ce qu'on a pris jusque là... »
C'est vrai que jusqu'à cet instant, le bilan était maigre : deux départs d'avortons à peine plus gros que les vifs qu'ils avaient croqués et une seule tape sur la Drachko. « Et encore il ne s'est pas accroché.
– Normal, tu les ferres pas. »
La Drachko, justement, s'apprête à retourner à l'eau. Je changeais le poisson mort quand les gardes sont arrivés. Maintenant, j'aiguise les triples, cela peut servir au moment du ferrage car, contrairement à ce qu'il dit, je ferre, je ferre même violemment deux fois, une fois en réflexe à la touche et une deuxième fois pour confirmer.

Premier lancer à droite du bateau en direction de la rive. La Drachko plane gentiment au-dessus des herbiers. Je l'ai allégée pour la rendre efficace sur les hauts-fonds. Ainsi voyage-t-elle sans ramasser d'herbes et pêche mieux et sur une plus longue distance.

Ce premier lancer ne donne rien. Deuxième lancer, une tape, raté. Sans doute un des avortons. Je relance dans la même direction. Nouvelle touche au même endroit. Cette fois, il est pris et se défend sur place en donnant des coups de tête. Il mesure 50 centimètres. Pas mal pour un avorton. Celui-là n'est pas arrivé ce matin. Je le renvoie à son herbier, rafistole la monture sans changer le poisson mort et relance. Nouvelle

- Appâter au brochet -

touche. Cette fois c'est plus lourd, et ça ne vient au bateau qu'après une courte mais vigoureuse négociation. Deux kilos, le poids idéal pour mon dîner de vendredi. Si c'était un alevin de ce matin, il a grandi vite. Je l'attache à l'arrière de la barque avec un bout de câble électrique, et je reprends le chantier là où je l'ai laissé. Nous n'avons pas bougé d'un mètre, nous pêchons la zone où vient de se faire l'alevinage. Et en fait d'alevin, c'est maintenant un client encore plus costaud qui est attelé à ma ligne. Le nouveau tient le fond, il sonde avec ardeur.

« Tu veux que je lève le poids, demande Freddy ?
– Non je ne pense pas que cela soit nécessaire. D'accord, il est beau, mais ma tresse est solide et pour le moment il reste loin du bateau.
– Alors l'alevin, tu viens ? »
Vexé, il montre son nez.
« T'en as déjà vu des alevins comme ça ?
– Non, dois-je reconnaître. »
C'est un bon gros alevin qui doit chercher dans les 8 livres. Pas de quoi entrer dans le Livre des records, mais quand même. Enfin le voilà raisonnable. Je l'aide à monter dans le bateau.
« Belle balafre ! »
Mon bec a la queue en piteux état. Une vilaine blessure lui zèbre l'arrière du corps.

- *Appâter au brochet* -

« C'est un réfugié politique ton brochet, commente Freddy. En fait, on vient de lui sauver – provisoirement – la vie. »
Pas question de le rendre à ses bourreaux, je l'envoie rejoindre l'autre à l'arrière du bateau. Et je sais déjà qui va en hériter.
Au même moment repasse la voiture des gardes. Ils ne se doutent pas qu'ils viennent d'inventer une nouvelle technique de pêche : le brochet amorcé au brochet.
« Je vais en faire un article dans *L'Est Républicain* promet Freddy. Cela commencera ainsi : vous prenez deux seaux d'une vingtaine de brochetons chacun et vous en arrosez généreusement la zone de pêche... »
Généreusement me paraît le mot juste, car à 12 euros le kilo de brochetons, cela fait un peu cher l'amorce. Mais quand on aime…

Le jour le plus long

D'accord, ce n'était pas moi. Mais si ce n'était pas moi, c'était mon père, ou peut-être mon grand-père. D'ailleurs, cela n'a pas d'importance de savoir qui y était. Ce qui est sûr, c'est qu'au moins un membre de la famille Labrax les a vus débarquer. Cela fait pas mal de générations que l'on fréquente la grande table sous le Hoc, trente mètres à droite en regardant la falaise qu'ils ont grimpée ce jour-là. Autant dire qu'on était aux premières loges et que le spectacle valait sacrément le coup.

Ce 6 juin 1944, la mer était meilleure pour nous que pour eux, les lançons donnaient bien et la montante promettait d'être belle. Et puis la ferraille a commencé à pleuvoir. Des petites, des grosses, des qui ricochaient, des qui se plantaient lourdement, des qui s'éparpillaient façon alevins. On était secoué par les plus lourdes et aussi par l'explosion de celles qui avaient oublié de péter avant de toucher l'eau. On a vu arriver les premiers rangers, les premiers nuages de sang et les premiers cadavres, dont quelques-uns, entraînés par leur barda, ont glissé mollement jusqu'à nous. Les autres avaient un comportement étrange : au lieu de mettre leurs grappins à la mer, ils les jetaient contre la falaise, puis s'agrippaient à la corde pour grimper. De là-haut, d'autres hommes les tiraient comme des lapins, mais plus il en tombait, plus il en montait.

Ça a chauffé pendant deux ou trois marées, le temps de nous remplir les parages de toutes ces ferrailles où notre famille et quelques autres allaient trouver à se loger pour les cent prochaines années. Il y en avait partout, des bateaux, des canons, des camions, des jeeps, des torpilles, des avions, de la ferraille, encore de la ferraille.

Et quelquefois dans la ferraille, il y avait une surprise. Mon grand-père n'a pas oublié le regard de ce p'tit gars du Wisconsin derrière la vitre de son Spitfire, un engin qui n'aurait pas dû se trouver là, par 30 mètres de fond. Longtemps, mon grand-père fut persuadé que le p'tit gars voulait lui dire quelque chose, engager la conversation, ou simplement lui demander un coup de main. En fait, il n'en savait rien. Moi je pense qu'il n'aurait pas dû rester à regarder son Américain derrière son pare-brise. Il faut toujours se méfier de quelqu'un qui vous regarde de derrière un hublot. J'en sais quelque chose : le chasseur que j'ai croisé la semaine dernière avait aussi un regard sympa derrière la vitre de son

- *Le jour le plus long* -

masque. Quand il a cligné de l'œil, j'ai même cru que c'était un petit signe amical. Sa flèche est passée à deux centimètres de ma tête, elle a rebondi contre une paroi de la cale du cargo où je passais la journée et elle est allée se coincer dans une charnière. L'autre maladroit était furieux, il tirait dessus comme un malade mais la flèche ne voulait rien savoir. Il a fini par se rappeler qu'il était à moins 25 mètres et qu'il n'avait plus grand-chose dans les poumons. Il a disparu par l'écoutille et nous a laissé la flèche.

Je ne devrais pas dire ça ces jours-ci, mais pour nous le débarquement ce n'est pas un anniversaire, c'est la triste réalité de notre quotidien. Où qu'on aille, ils sont là. L'hiver, ils nous ramassent sur les frayères, dans le Ras-de-Sein, à Rochebonne ou aux Minquiers. Au printemps, gare aux lançons vivants. Dommage, parce que c'est bon les lançons... sauf quand c'est pendu à un hameçon, lui-même accroché à un fil sur lequel tire le Richard de l'île d'Yeu. Mais le pire, c'est l'été : un conseil, faites un long voyage, descendez vers les grottes d'Hercule, allez apprendre à hurler avec les loups en Méditerranée, visitez la Mauritanie, le Portugal ou bien restez chez vous, sans sortir de votre roche, ni manger, ni chahuter dans l'écume et ce jusqu'à l'automne. Parce que l'été, c'est vraiment très risqué. Ça traîne dans tous les sens et à tous les étages. Il pleut

- *Le jour le plus long* -

des bulles d'eau, du plastique, de la ferraille blanche ou bronzée et toutes sortes d'objets contendants et mal intentionnés qui nagent comme des chiens, plongent comme des fers à repasser et s'amusent à éclabousser.
Du débarquement, il nous reste le vocabulaire : les trucs qu'ils nous balancent sur la gueule ont des noms américains. Il ne nous viendrait pas à l'idée de baptiser leurres de la liberté les plugs, les poppers, les jerkbaits, les lipless, les longbill minnows, les shads, les stickbaits, les pencils, les twitches, les texas rigs et autres produits made in USA qui déambulent comme de vrais cow-boys en *walking the dog*, en *rolling* ou en *wobling* et qui font du *skipping* ou du *stop and go*, et qui dansent le jerk... Quand ils ne s'accrochent pas lamentablement dans les ferrailles léguées par leurs ancêtres.
Par endroits, il y a tellement de fils au mètre cube que l'on se croirait dans un filet et que l'on ne sait vraiment plus où mettre ses nageoires. Quant aux filets, les vrais, ceux qui sont recensés dans le guide du loup-bar, ils ne savent plus quoi faire pour nous y attirer. Dernière trouvaille en date, un coup de mâchoire de chalut sur l'épave où l'on était à peu près tranquille et un deuxième passage, chalut déployé pour ramasser ceux qui n'ont pas supporté le bruit et les vibrations et qui sont sortis à la rencontre de l'abruti responsable de ce ramdam. Sportif, non ?

- *Le jour le plus long -*

Et pour manger, vous faites comment pour manger, quand tout ce qui ressemble à du comestible est susceptible de vous envoyer au mieux chez le dentiste ! Moi, je me suis mis aux boulettes de brut enrobées d'algues façon sushis. Au début ça fait drôle, cela vous a un petit goût de mazout qui, après mastication, finit par ressembler à de la seiche. Mais l'avantage, c'est que personne n'a encore songé à fourrer ça aux hameçons Mustad.

Enfin, aujourd'hui c'est plus calme. J'ai croisé deux ou trois hommes-grenouilles, fait le tour d'un sous-marin, entendu de la musique militaire et quelques coups de canons, mais aucun pêcheur en vue. Ils devraient fêter le débarquement plusieurs fois par an. D'abord pour les pauvres gars qui y sont restés. Et nous, cela nous ferait deux ou trois jours de vacances bien mérités.

La valse des tarpons

La scène se déroulait à Cuba, en un lieu magnifique et noble dédié par Christophe Colomb à Isabelle de Castille. Comme lors du deuxième voyage du grand découvreur, les Jardins de la Reine déroulaient la munificence de ghetto paradisiaque inaccessible aux humains de la grande île voisine. Il pensa un instant qu'ils étaient seuls sur des dizaines de milliers d'hectares de lagons bordés de cathédrales de corail, seuls bipèdes parmi la multitude d'oiseaux et les centaines d'espèces de poissons qui étaient les sujets de sa majesté.

Il n'eut guère le temps de céder au romantisme : son guide venait d'apercevoir la troupe des tarpons qui faisait route vers leur fragile embarcation. Sa main se crispa sur la poignée de la canne. Et comme il se disait qu'il était prêt, il les aperçut enfin roulant dans l'eau claire du lagon. Le fourreau de leur robe jetait des éclairs d'argent pour dire au lanceur fébrile que la school allait passer.

C'était son premier vrai tarpon. La première fois, c'était à Isla Morada en Floride, le tarpon s'était avéré

- La valse des tarpons -

être un requin black tip qui avait grillé la politesse aux poissons qu'il pêchait et s'était emparé de sa Stu Apte. Heureusement, il avait bien identifié l'intrus, ce qui lui avait permis de tempérer l'enthousiasme du bateau voisin : « Vous affolez pas, c'est un requin ». Un joli black tip de 1,60 mètre qui retourna aux flots après la photo.

Il ne prit rien d'autre cette année-là, se contentant d'admirer quelques batailles épiques entre Pierre Affre, son copain Bruce Miller et quelques jolis bébés qui taquinaient les cent livres. Depuis, aucune occasion de retenter sa chance ne s'était présentée et il traînait avec lui cette frustration d'avoir été si près du but et d'avoir laissé passer sa chance à cause d'un requin futé.

Il se campa sur ses deux pieds à l'avant du flat boat, et commença ses faux lancers. La fenêtre de tir ne durerait que quelques secondes, et la jolie mouche crevette devrait leur glisser sous le museau le plus loin possible du bateau, puis en attirer un ou deux derrière le sillage gracieux que feraient ses strips en ramenant la ligne. Peut-être verrait-il l'énorme mâchoire s'ouvrir pour engloutir sa mouche en même temps qu'un paquet de litres d'eau. Peut-être pas.

Il fit ce qu'il avait à faire. À la troisième tirée, il crut qu'il avait accroché une pointe de corail. Il bloqua la

- *La valse des tarpons* -

soie d'une main ferme et ne paniqua pas quand la supposée pointe de corail déchira la surface de l'eau pour se mettre en orbite. Monsieur tarpon venait de lui confirmer qu'il savait aussi voler avant de retomber dans une gerbe impressionnante et de partir avec sa mouche en faisant bouillir le moulinet. Ainsi commença le plus beau souvenir de pêche de sa vie. Il est peu de dire que le tarpon aime le combat. Avec lui cela peut durer des heures, il explose dans les airs, accélère dans des rushs ravageurs, sonde s'il le faut comme un thon et finit parfois même par sauter dans le bateau pour vous dire à quel point il vous trouve beau. (C'est le moment pour les occupants du bateau de sauter à l'eau, sous peine d'être assommés ou d'avoir bras et jambes cassés). Bref, à l'autre bout d'une canne à mouche, le tarpon ne réagit pas comme un gardon. Quand on écarte les bras au maximum, ce qui représente une brasse, en même temps que l'attitude préférée du galéjeur excessif, on n'atteint encore pas le format d'un tarpon adulte. Le tarpon est le plus gros et le plus puissant des poissons qui se puissent capturer au moyen d'une canne à mouche. (En disant cela je veux dire vraiment pêché et pas aguiché comme un marlin ou un espadon que l'on décore d'un plumeau lorsqu'il est venu en bon toutou curieux à trois mètres du bateau.) Et quand je dis "pêché" avec une canne à

- La valse des tarpons -

mouche, j'entends tout ce que représente d'effort et de technique le repérage du poisson, le lancer, l'animation de la mouche et le ferrage, qui n'est pas le plus facile tant la gueule du monsieur paraît cuirassée de platine. Il existe bon nombre d'endroits dans le monde où l'on peut rencontrer des tarpons. Ce globe-trotter des mers chaudes promène son demi-quintal de muscles dans la plupart d'entre elles.

« On le rencontre aussi bien nous dit Pierre Affre dans un article de *Grand Air*, sur les côtes américaines qu'africaines, dans les zones tropicales et subtropicales. Sur les rivages du Nouveau Monde, son aire de répartition s'étend depuis la latitude du Cap Hatteras, en Caroline du Nord, jusqu'à Recife sur les côtes brésiliennes. Exceptionnellement, au cours d'étés très chauds, des individus isolés ont été signalés au large de New York et même jusqu'en Nouvelle-Écosse. Sur les côtes africaines, les tarpons sont présents depuis la Casamance (sud du Sénégal) jusqu'en Angola. » Les tarpons comptent parmi les plus anciens poissons répertoriés. « Selon une vieille légende séminole (tribu indienne de Floride), poursuit Pierre Affre, il y a très longtemps, avant que les hommes n'apparaissent sur la terre, les Montagnes Rocheuses formaient la côte du continent nord-américain. Elles étaient déjà très riches en métaux précieux et le Grand Esprit avait confié la

- La valse des tarpons -

garde des mines d'argent aux tarpons qui croisaient devant l'embouchure des grottes sous-marines. En signe de reconnaissance, il les avait habillés d'une armure de plaques d'argent et une fois par siècle, il les autorisait à raviver l'éclat de leurs écailles en plongeant dans une source d'argent liquide. Au fil des siècles, puis des millénaires, les terres gagnèrent sur la mer, repoussant les tarpons toujours plus vers le sud, jusqu'au golfe du Mexique et à la mer des Caraïbes où ils vivent toujours. Assoiffés de richesses, les hommes blancs pillèrent les mines d'argent qui sur terre n'étaient plus protégées. Le Grand Esprit eut alors pitié de ses fidèles gardiens et pour l'éternité leur fit cadeau de cette superbe armure qui aujourd'hui encore leur vaut le surnom de silver kings, les rois d'argent. » Des poissons de légende donc. De légende et de respect.
Dans les Jardins de la Reine, les tarpons ne sont pas les seuls à exciter le désir du pêcheur. Prenez le plus petit (toutes proportions gardées) des poissons qui vous ont fait faire le déplacement : le bonefish. Tout mouillé, un bonefish peut aller chercher dans les huit livres, mais c'est exceptionnel. La plupart de ceux que l'on capture à la mouche un peu partout dans le monde est compris entre deux et quatre livres. Et bien, même à moins de deux livres, un bonefish nous donne l'occasion de faire

- *La valse des tarpons* -

prendre l'air à un *backing* (réserve de fil) que la plupart des poissons d'Europe confinait jusque-là dans les oubliettes de votre moulinet. Surtout que le bonefish est rusé. Il sait jouer de la mangrove, tourner autour, l'enlacer et finir par attendre gentiment que vous veniez le décrocher. Ne parlons pas du permit. La moindre pointe de corail oubliée par les balayeurs du lagon sera mise à profit pour vous fausser compagnie. Frustrant quand on sait le boulot qu'il y a pour faire mordre ce poisson ultra-méfiant qui, par nature, vous regarde de travers.

Finalement, le plus sympa est aussi le plus costaud. Un compagnon de jeu idéal, le tarpon. Le genre bonne grosse brute qui attaque franchement, qui ne ménage pas sa peine, une sorte de deuxième ligne de rugby ou troisième ligne centre, avec des jambes de trois quart qui ramasse des mouches en forme de balais brosse dont même la poussière ne voudrait pas, qu'il aspire goulûment, avec la franchise et la délicatesse que doit avoir Fabien Pelous quand il vous met une claque dans le dos. Car le tarpon ne chipote pas, il ne fait pas sa poule comme le permit, dont personne ne connaît la marque de crabe préférée, il n'abîme pas le matériel comme le barracuda, le cubera ou le mérou. Bref, le tarpon sait se tenir. Alors que les autres, presque tous les autres, ne sont pas pour rien dans la réputation de

- *La valse des tarpons* -

royaume des "brise-tout" qui colle aux Jardins de la Reine. Ce qui en fait un excellent banc d'essai du matériel. Vous voulez savoir si votre moulinet à dix roulements est à la hauteur de ce qu'en disait la notice ? Si votre tresse a du répondant et si votre spéciale "Tropiques" a le ressort qu'il faut ? C'est facile, mettez tout ce petit monde à l'épreuve des pensionnaires de sa majesté. Cette fois par exemple, c'est le moulinet qui a lâché quand Roger a prétendu faire sortir le mérou de son trou en faisant marche arrière avec les 115 CV du bateau, frein serré, canne à l'horizontale. Le pauvre moulinet a craché ses roulements comme d'autres des noyaux de cerise. Les billes d'acier se sont roulées les unes sur les autres, impuissantes à faire changer d'avis le grooper. La tresse, elle a tenu, la canne aussi, mais le mérou est resté chez lui, avec le fil d'acier en guise d'appareil dentaire, ses cent kilos de bonne viande empoisonnée au poisson de corail, prêts à affronter d'autres sumos torrides.

Et c'est pareil pour tout ce qui se trouve dans la boîte à pêche et qui, en Europe où il convient de pêcher fin, fait parfaitement l'affaire. Le mort manié par exemple, à la "sardina" locale qui n'a pas grand-chose à voir avec nos sardines, est une pêche efficace, à condition bien sûr, de fabriquer, avant de partir, des montures avec du fil d'acier apte à tirer les pétroliers. Parce que celles

- La valse des tarpons -

du fameux Drachkovitch après passage en gueule d'un gros barracuda, étaient devenues des "crach-ko-vitch", en trois brins.

Personne ne pourra contester que les Jardins de la Reine sont une des plus belles destinations pêche qui se puisse imaginer aujourd'hui. Seul bémol, et il est de taille : il n'est pas facile de profiter tranquillement des Jardins de la Reine en ignorant les prisons du Roi. Il n'est pas évident non plus de se rendre compte de la réalité cubaine quand on est sur un bateau au milieu de l'un de ces paradis halieutiques, dont rêvent les pêcheurs et les plongeurs sous-marins. Ce genre de bémol politique fait aussi partie des histoires de pêche. On n'a pas massacré que les tarpons en Sierra Léone. Et l'on pourrait un peu, de temps en temps, regarder au-delà du gobage de la truite ou du saut du tarpon, ne plus ignorer que certains pourboires font vivre une famille pendant un mois, ni que le no-kill peut être quelque chose d'obscène quand on le pratique devant des gens qui ne mangent pas toujours à leur faim.

Dans les Jardins de la Reine, en tout cas, les poissons sont bien nourris. Tout le monde a sa ration. Les menus sont variés, crevettes, sardines, langoustes et planctons, les bonnes protéines font les bons colosses. Les tarpons ont déjà le ventre plein quand ils quittent le lagon pour s'en aller manger et danser de l'autre côté de la

- La valse des tarpons -

barrière de corail en troupes joyeuses au milieu des requins, des loches géantes, des terribles cuberas et des permits méfiants. Et le soir venu, quand tombe la nuit à sa vitesse tropicale, que des milliers de lucioles fluorescentes comme autant de chandelles éclairent les passes à l'entrée du lagon, les tarpons rentrent à la maison. C'est là que les heureux pêcheurs les attendent, leurs bateaux ancrés dans le chenal, en compagnie de leurs guides, Yannys dit Jimmy, dit le chinois en référence à son grand-père venu de Shanghai faire le blanchisseur, Rigo, Vicente, Jesus dit Keko, Angelio dit Negrito et Noël, "El Gordo", perchés sur leur piédestal pour guetter le mouvement des poissons dans l'obscurité en s'interpellant d'un bateau à l'autre.

Ici, on ne pêche pas vraiment à vue, mais plutôt comme au sedge à draguer. Sauf que les "truites" de sa majesté peuvent friser les cent cinquante livres et qu'elles prennent parfois la mouche à moins de trois mètres du bateau. Et leurs cabrioles déchirent ce noir plein d'espoir de grands éclairs d'argent qui arrachent aux pêcheurs des cris d'admiration.

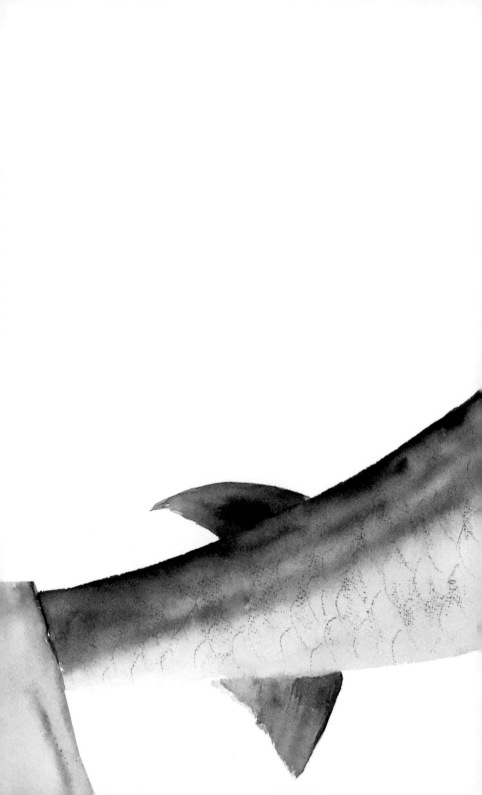

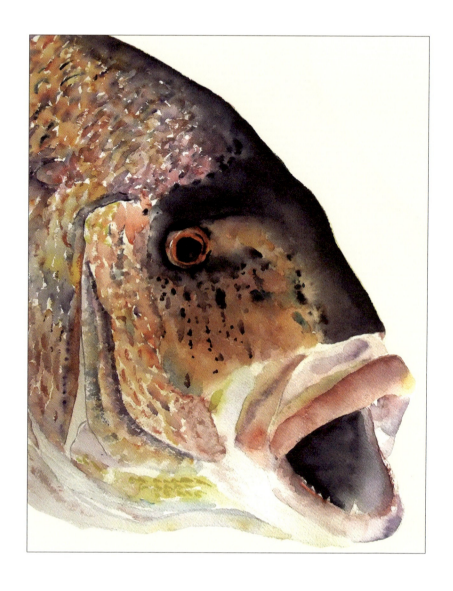

Le denti à la pioche

Un pêcheur qui n'a jamais de chance devrait se mettre d'urgence à la chasse, au jardinage ou au macramé. Il n'y a pas place dans notre corporation pour les rentiers de la poisse. Une vie de pêcheur est normalement jalonnée de coups de main de la providence. La chronique des miracles halieutiques pourrait prendre une bonne place dans la bibliothèque de saint Pierre : poissons qui sautent dans le bateau du pêcheur sans y avoir été invités, leurre capturant une deuxième fois le brochet qui venait de casser le bas de ligne, truites énormes acheminant sans dommage le $8/100^e$ du pêcheur parmi les arbres immergés, sandres séduits par un grain de chènevis… Quel pêcheur n'a pas eu un jour à regarder vers le ciel pour tenter de comprendre l'origine de sa bonne fortune ?

C'est d'ailleurs ce que j'ai fait moi-même, qui suis un honorable mécréant, le jour où j'ai capturé un denti à la pioche.

Le denti est un des poissons mythiques de la Méditerranée, l'un des plus beaux avec ses couleurs or, son front puissant et sa mâchoire de briseur de moules ; l'un des

- Le denti à la pioche -

plus rares aussi et des plus difficiles à capturer. La pêche en Méditerranée est souvent affaire de sophistication et de technique. Surtout quand il s'agit de traquer le majestueux denti. J'étais cette année-là en vacances au Lavandou et me contentais de pêcher les poissons de roche à la palangrotte ainsi que quelques oblades au broumé, devant la pointe de l'Esquinade à l'est de l'île du Levant. J'avais bien un bateau, mais je manquais d'ambition. En fait, je ne croyais pas trop à la pêche dans cette mer de carte postale, réservée aux touristes et aux galéjades, mer sans vie ni poissons autres que ceux que l'on met dans la soupe du même nom. Cela venait de quelques souvenirs d'enfance, de parties de pêche comptabilisées en grammes, de girelles royales impubères, de sarans étriqués, de *roucaûs* anémiques. Cela tenait aussi à la production d'un correspondant local qui m'annonçait régulièrement des captures de poissons trophées, me narrait des combats épiques, me parlait de float tubes entraînés vers le large et m'envoyait des photos de loups minuscules, de demi-portions de daurades et de bonites à passer sous la porte.

« Tu as tort, m'avait dit Alain Ferrero, alors patron du *Pescadou*, il y a aussi du gros poisson en Méditerranée, du poisson pour pêcheur sportif, du poisson qui fait son poids et ne rechigne pas au combat comme les gros thons

- *Le denti à la pioche* -

rouges vedettes du marché de Tokyo, les espadons, les marlins ; des poissons fusées comme la sériole, la pélamide, la liche, la bonite, le maquereau espagnol ou le barracuda, des poissons de devoir : daurades, sars, marbrés, pagres, dentis. Et les parages du Levant, où tu pêches, sont excellents, notamment pour la sériole, la pélamide, et le denti. Tu devrais essayer la traîne lente. »
Cette pêche repose sur un principe plutôt malin qui est de délivrer la ligne, à la touche, du très lourd lest qui la maintient en traîne à proximité du fond. Un plomb profilé de trois à six kilos est ainsi suspendu par le biais d'une cordelette elle-même reliée à un treuil électrique ou manuel. Le plomb-boulet est associé à une pince déclencheuse ou *downrigger* dont les mâchoires de caoutchouc, à étreinte réglable, enserrent la ligne du pêcheur. La partie libre de la ligne dont le point de départ se trouve ainsi à plusieurs dizaines de mètres sous la surface, se déploie ensuite sur vingt ou trente mètres, jusqu'au vif lui-même qui nage en pleine eau sans éveiller la méfiance des prédateurs locaux. La touche, en général très violente, libère la ligne de la pince et la désolidarise du boulet en compagnie duquel elle traînait. Voilà pour le principe. La méthode a fait ses preuves. Elle est d'une grande efficacité, en ce qu'elle permet de régler exactement la profondeur de traîne à l'aide du treuil et d'aller chercher le poisson là où il est censé se trouver. À condition toutefois d'uti-

- *Le denti à la pioche* -

liser un sondeur pour bien s'adapter aux variations du relief sous-marin, d'avoir des vifs (sévereaux, orphies, mulets, bogues, etc.) et surtout de posséder un moteur capable de faire progresser votre embarcation à moins de deux nœuds, ce qui est beaucoup moins évident qu'il n'y paraît.
Problème : je ne disposais pas des outils nécessaires à une telle pêche. Pas de treuil, pas de plomb et tout juste une pince déclencheuse, avec une mauvaise canne de traîne, pas vraiment adaptée à ce genre de pêche, et un moulinet d'un autre âge. La solution était de m'en remettre au bricolage en comptant sur la chance pour suppléer la technique. Pari culotté, et pour tout dire, impossible à gagner.
Il ne fut pas trop difficile de trouver les vifs, des sévereaux entre vingt et trente centimètres que j'avais pêchés à la plume la veille, conservés dans une filoche sous le bateau pendant la nuit et qui m'accompagnaient maintenant dans un seau muni d'un aérateur. Le sondeur faisait partie du bateau. Le premier obstacle vint effectivement de mon hors-bord qui trouva indigne de lui de progresser au rythme d'une limace. Son 115 CV Mariner refusait obstinément de déplacer le Capelli 18 que j'avais loué, à moins de deux nœuds. J'essayai de jouer sur le trimm : il voulut bien monter des œufs en neige mais pas ralentir. Je larguai alors une paire de seaux en guise d'an-

- *Le denti à la pioche* -

cres flottantes, je gagnai 0,5 nœud, ce qui nous amena à 1,8. On ferait avec. La vraie difficulté commença avec la mise en place du dispositif de traîne. Un bon ensemble treuil-plomb coûte de cent cinquante à six cents euros, selon qu'il est électrique ou manuel. Pour une ou deux parties de pêche seulement, l'investissement était déraisonnable. Il me fallut trouver un palliatif. Un enrouleur de câble électrique acquis dans les rayons d'une grande surface du coin refusa obstinément de faire le treuil. J'optai pour un antique et imposant moulinet à tambour fixe qui se mit à cracher ses roulements comme un rugbyman crache ses dents quand il n'a pas pris soin de les protéger. Mes mains de citadin durent venir au secours du treuil improvisé. Un premier essai avec un plomb d'un kilo monté en dérive sur la ligne ne permit pas de pêcher assez creux compte tenu de la vitesse excessive du bateau.

J'allai donc voir Dédé, le métayer de la propriété voisine, pour lui demander de me prêter quelque chose de lourd, de compact et de peu de valeur et lui donnai les grandes lignes de mon projet. Dédé se gratta la tête, fit le tour de sa remise et me rapporta une pièce de charrue qui devait bien faire ses vingt kilos. Trop lourd, Dédé, trop lourd. À l'intérieur de la remise, Dédé me dégotta alors une grosse clé à mollette de tracteur d'un peu moins de

- *Le denti à la pioche* -

deux kilos. Trop léger, Dédé, trop léger. J'avisai alors dans un coin de la remise une bonne vieille pioche bien rouillée, orpheline de son manche.

« Et ça, Dédé ?

– Ça ? j'en ai dix autres si vous voulez… »

La pioche, quatre kilos tous rouillés, reçut immédiatement son gréement, une ligature en 120/100e avec deux boucles renforcées au scotch lourd, l'une pour la liaison pioche-bateau, l'autre pour la liaison pioche-ligne. Il fallait maintenant passer au test du treuil. La pioche digéra les derniers roulements du vieux moulinet avec un bruit sinistre de concasseur de gravier. La pioche emportait tout sur son passage, la ligne ne suivait pas et la pince disjonctait avant de parvenir au fond. Je dus me résigner à descendre mètre par mètre cette satanée pioche suspendue à de la tresse de vingt-et-un kilos qui me cisaillait les mains. Un grand coup de mou m'indiqua que l'ustensile agraire était au fond. Je le remontai d'une brasse et arrimai ma tresse à un taquet du tableau arrière, tout en en améliorant le surplomb avec la gaffe du bord. La canne de traîne sévèrement pliée et le fil formant un angle de 110 degrés avec la surface m'indiquant que la pince cette fois n'avait pas laissé partir le fil de la ligne. Mon sévereau bien vivant, armé de trois hameçons 4/0 devait nager maintenant dans le sillage du bateau à trente mètres de là, par quarante mètres de fond.

- *Le denti à la pioche* -

J'avais les mains dans un sale état, la vitesse du bateau s'affichait encore à deux nœuds sur le GPS, mais nous étions en pêche, proches des conditions du réel comme disent les spécialistes du documentaire. Et c'est là que le miracle se produisit. Le bateau n'avait pas fait cinquante mètres que la ligne changea brusquement d'angle : elle venait de fausser compagnie au boulet. Je commençai par pester : cette cochonnerie de pince ne devait pas être assez serrée. J'empoignai la canne pour une nouvelle, et douloureuse tentative, quand, à l'autre bout, trois forts coups de tête me suggérèrent que le séereau avait dû faire une mauvaise rencontre. C'est ainsi, je le jure, que je pris mon premier, et pour le moment dernier, denti. Poisson splendide – il pesait plus de cinq kilos – mais finalement assez peu combatif, eu égard à la canne trop lourde que j'utilisai pour l'amener à la gaffe. Mon denti, qui n'avait pas eu la présence d'esprit de "s'enraguer" dans un rocher, fut au bateau en moins de trois minutes, sa grosse tête légèrement incrédule se tournant vers moi pour m'adresser un regard courroucé. Je remontai la pioche, toujours à la main, ce qui prit plus de temps que de remonter le poisson et décidai sur le champ de me remettre au broumé. La chance, à l'inverse du facteur, ne passant pas toujours deux fois.

Le Coup du Soir

« Elle faisait au moins trois kilos »
Le frenchy n'en finissait plus d'écarter les bras, montrant aux clients du pub un poisson qui d'une main à l'autre allait bien chercher dans les vingt livres. Son plus proche voisin, qui venait de payer sa tournée, lui rapprocha les deux mains pour lui permettre d'esquisser plus efficacement la vraie silhouette d'une truite de trois kilos. Ce qui, au passage, lui éviterait d'éborgner ses compagnons de Guiness.
Le frenchy ne se formalisa pas :
« Ok, ok… Enfin, ce qui compte c'est le poids. Six pounds, je vous dis, pas un gramme de moins. Je l'ai bien vue, juste avant qu'elle m'explose mon 20/100e et qu'elle parte avec mon sedge.
– Vous l'avez bien vue ?
– Oui, enfin, je l'ai devinée, il faisait nuit noire. Mais il n'empêche, pour le poids, je suis formel, j'ai l'habitude des grosses truites.
– Permettez-moi de vous offrir un verre. »
L'homme qui venait de demander à Jérôme Salmon de

- Le Coup du Soir -

préciser le poids de sa truite l'invitait à prendre place autour d'une des tables du fond de ce pub de Nenagh où il paressait avoir ses habitudes. Il était vêtu d'une grosse veste de tweed à carreaux jaunes et noirs, portait des lunettes demi-foyers et fumait une pipe en bruyère recourbée. Il devait avoir une soixantaine d'années et pouvait être professeur ou écrivain.

« Vous étiez bien près du Clariana bridge ?
– Oui, comment le savez-vous ?
– Et ça, ne serait-ce pas votre mouche ? »
Jérôme Salmon ne dit rien, mais son visage répondait pour lui. C'était bien son sedge que lui tendait l'Irlandais.

« Votre truite, je l'ai prise par les bretelles, je suis sûr que c'était la vôtre, puisqu'elle avait votre mouche dans la gueule.
– Et elle pesait combien ? demanda le frenchy, plein d'espoir.
– J'ai d'abord cru que c'était un monstre, mais en l'amenant à l'épuisette, j'ai compris pourquoi. Ma mouche à moi, était plantée dans sa nageoire adipeuse. Et votre truite n'atteignait pas deux livres. »
Le visage de Salmon acheva de se décomposer.
« Ce n'est pas possible…
– C'est hélas parfaitement exact et je vais vous dire pourquoi. Vous avez sûrement remarqué que les truites

- *Le Coup du Soir* -

du coup du soir, et aussi les ombres, sont d'une taille, d'un poids et d'une vigueur bien supérieurs à ceux des poissons capturés dans la journée. Cette constatation maintes fois confirmée, par les plus grands pêcheurs comme par les meilleurs auteurs, n'avait pas trouvé jusqu'à une époque récente d'explication scientifique crédible. »

Et l'Irlandais, après s'être confortablement enfoncé dans un grand fauteuil de cuir fatigué, poursuivit sa démonstration :

« La nuit tombée, les truites sont plus grosses, comme les chats sont plus gris. Et assez peu de monde, à vrai dire, se pose la question de savoir pourquoi. Il y eut bien quelques tentatives de moucheurs cérébraux, libres penseurs définitivement inaccessibles aux manifestations du divin, incapables donc de se contenter d'enregistrer un phénomène aussi magique sans tenter d'y apporter une explication scientifique ou au moins rationnelle. Pour ceux-là, la croissance spontanée des truites s'expliquait soit par le fait qu'il existait un partage des rôles entre salmonidés – les petits poissons sortant pendant le jour et les gros les remplaçant dès le soleil couché – soit par un phénomène d'aérophagie momentanée – l'arrivée de la lune provoquant une hypertrophie de la vessie natatoire des truites, due à l'accumulation d'air emmagasiné à l'occasion de multiples gobages. Leurs explications, à vrai dire peu convaincantes, ne dépassèrent pas le cercle restreint des théoriciens de l'endoscopie piscicole et la grande masse des pêcheurs du coup du soir continua de s'émerveiller de cette providentielle et circonstancielle inflation des mensurations des poissons. Jusqu'à ce que l'on retrouve les travaux d'un disciple d'Isaac Walton, Jonathan Dabe, qui vécut à la fin du XVIIe siècle, lequel s'était avisé en son temps de ce que le phénomène était peut-être lié à la perception du pêcheur. Autrement dit, si les truites, la nuit, étaient plus grosses, ce n'était pas pour cause de croissance spontanée dès le soleil couché, mais parce que le pêcheur, en passant de la lumière du soleil à celle de la lune, les voyait plus grosses. »

Notre narrateur tira sur sa pipe, comme pour laisser à son interlocuteur le temps de se remettre de sa surprise. Puis il poursuivit son édifiant récit :
« Et Jonathan Dabe se mit en devoir de prouver ce qu'il affirmait en essayant d'abord de démontrer que le poids du poisson restait constant. Comme on ne disposait pas, à l'époque, des outils de marquage modernes, John Dabe inventa pour la circonstance les premiers tags. Il emprunta à son épouse, Mary Jennifer Dabe, un très joli collier de perles des îles qu'il égrena

- *Le Coup du Soir* -

dans un gousset où il avait l'habitude de garder ses mouches. Pendant les six mois suivants, il ne pêcha sa chère rivière de Donavan Castle qu'aux heures ouvrables. Et bien que médiocre moucheur, Jonathan Dabe parvint à capturer une dizaine de farios, dont il incisa l'opercule avec son Opinel pour y sertir une perle du collier de Lady Dabe. Le semestre suivant, notre scientifique – on lui doit également une méthode infaillible pour équilibrer les bas de ligne – se consacra entièrement aux pêches nocturnes. Car il lui fallait maintenant reprendre de nuit les poissons qu'il avait tagués de jour. Le problème, c'est que Jonathan, qui pêchait déjà mal pendant la journée, s'avéra bien pire dans l'obscurité, accumulant les maladresses et les fausses manœuvres, au point qu'il mit plus de quinze mois avant de reprendre une de ses truites emperlées, quinze mois entre le *catch and release* initial et la capture nocturne, que la bête avait mis à profit pour prendre dix centimètres et quelques dizaines de grammes. Dabe fut un instant tenté d'en conclure que les truites prenaient effectivement de l'embonpoint dès le soir venu. Mais son tempérament de scientifique lié à une idée assez juste de ses talents de pêcheur, lui suggéra de donner une nouvelle chance à l'expérience. On confia cette fois le soin des captures au fils de son jardinier, qui présentait le double avantage de bien

- Le Coup du Soir -

connaître les colliers de perles de Lady Dabe et d'être un excellent moucheur. Et pour qu'il n'y ait pas de risque de confusion entre poissons bagués, on emprunta à Mary Jennifer, qui commençait à se poser des questions sur l'intérêt de l'expérience, un autre collier de perles, noir cette fois.

Il ne fallut pas plus de deux semaines au jeune homme pour rapporter triomphalement une très jolie fario agrémentée d'une perle noire qu'il avait capturée la nuit tombée. Non seulement cette truite-là n'avait pas pris un gramme, mais elle avait perdu du poids, phénomène que Jonathan Dabe attribua au stress de la capture. Notre savant tenait sa preuve. Ce n'était pas le poisson qui grossissait, mais l'œil et la main du pêcheur. Ou, pour être plus juste, la truite ne changeait pas, seule étant modifiée l'idée que le moucheur s'en faisait. Il put dès lors s'atteler à la recherche d'explications de ce phénomène, puis du moyen d'en mesurer la portée. C'est ainsi que naquit l'équation du coup du soir.

Jonathan commença par en identifier les principaux termes, ceux qui allaient permettre de comprendre comment une truite prise à 21 heures paraissait peser beaucoup plus lourd que le même poisson capturé avant le coucher du soleil.

Par exemple, la lune devait avoir son effet selon qu'elle était plus ou moins pleine, qu'elle donnait ou ne don-

- *Le Coup du Soir* -

naît pas de la lumière. Ou plutôt que sa lumière (notée Ω) était apte à se substituer à celle du soleil, dont le variant (noté $\varnothing$ lu) avait tendance à décliner avec l'heure. Il prit ensuite en compte le temps écoulé (t) entre le moment où le poisson s'emparait de la mouche et celui où il venait au pêcheur, augmenté d'un facteur 2 en cas de rupture de la ligne. Il y intégra encore la résistance de la ligne en livres et l'expérience du pêcheur en années.»

L'Irlandais fit une pause Guiness, puis sortit un calepin et un stylo de la poche intérieure de sa veste. Et nota ces signes étranges à l'adresse exclusive de Jérôme Salmon, qui n'osait pas bouger d'un pouce, de peur d'interrompre l'étonnante démonstration :

$$Pptn = Prtj + R(\Omega) \text{ soit} : T2x \varnothing lu$$

« Voilà comment s'écrivait son équation, murmura-t-il. » Enfin notre homme se mit en devoir de commenter abondamment cette découverte :

« Pptn est le poids psychologique de la truite nocturne, Prtj, le poids réel de la truite de jour. Les autres valeurs étant celles décrites précédemment. Il s'avéra alors que l'augmentation moyenne résultant de l'équation du coup du soir était de 1,30, ce qui signifiait qu'un pois-

- Le Coup du Soir -

son de 1 kilo avait un poids psychologique de 1,3 kilo une fois la nuit tombée. Mais Jonathan Dabe n'était pas satisfait. Il considérait avec raison que d'autres paramètres susceptibles de changer le résultat pouvaient intervenir. Il se mit en devoir d'améliorer son calcul, ajoutant encore 30 % à un poisson capturé et relâché, 50 % à un poisson décroché, 100 % à un poisson décroché à plus de 5 mètres (*long catch release*), 100 % à une casse sur le poids estimé et 200 % à un hameçon ouvert à la suite d'un décrochage. Au total, il était ainsi possible qu'une truite de 2 livres, semblable à la nôtre, (vous permettez que je dise la nôtre) prise par "les bretelles" dans une nuit noire qui réussissait au bout de vingt minutes à ouvrir l'hameçon qui avait malencontreusement rencontré sa caudale, puisse se voir affecter un coefficient de 3,5, ce qui lui donnait un poids psychologique de 7 livres...

Enfin satisfait de ses travaux, Jonathan Dabe en adressa une synthèse à la royale Fly Fishing Academy dont il était sûr de recevoir, en guise de récompense, le très convoité grand prix annuel. En fait de distinction, notre halieutique savant reçut bien, dès le vendredi suivant, une missive du royal organisme, mais celle-ci le mettait en demeure de brûler l'intégralité de ses travaux hérétiques sous peine de poursuivre ses parties de pêche dans un cachot de la royale tour de Londres.

- *Le Coup du Soir* -

Ce qu'il fit immédiatement, car il était savant mais pas téméraire, oubliant seulement de prévenir son maître Walton que l'exemplaire à lui adressé devait finir dans la cheminée.

Et c'est ainsi que nous parvint, le 1er avril dernier seulement, cette contribution scientifique à la compréhension d'un phénomène pourtant bien connu de tous les pêcheurs. »

Sur ces bonnes paroles, l'Irlandais, termina sa chope d'un trait, ralluma sa pipe, qui avait eu le temps de s'éteindre, se leva, salua le pêcheur français et sortit du pub laissant notre Jérôme Salmon passablement dépité, et un brin dubitatif…

Les Indiens

Savez-vous ce qui différencie un Indien d'un autre pêcheur ? Ce n'est pas sa tenue : l'Indien ne porte pas de plume – ni sur la tête, ni ailleurs – il n'a pas de tomawak accroché à la ceinture et ne fume que rarement de l'herbe de bison. Ce n'est pas non plus sa façon de sauter sur un mustang, qu'il n'a pas, ni d'envoyer des ronds de fumée depuis son havane. Non, ce qui distingue l'Indien d'un autre pêcheur c'est que l'Indien lance à peu près cent fois moins souvent, mais prend dix fois plus de poissons.

Le pressé, par exemple, commence déjà à fouetter alors qu'il n'a pas encore claqué la portière de sa voiture. Les autres ne valent guère mieux. Ils pensent tous que, pour prendre du poisson, il suffit de balancer sa ligne comme un métronome en travers de la rivière, histoire d'attraper les truites au lasso ou de les assommer à coup de cuiller. Certains, dont quelques disciples de l'ami Eric Joly, s'entraînent plus qu'ils ne pêchent, encouragés par quelques théories audacieuses, notamment élaborées par les saumoniers selon lesquelles un leurre qui est dans l'eau a plus de chance d'être pris, qu'un leurre qui est dans l'air…

- Les Indiens -

L'Indien ne voit pas les choses de cette façon. Pour lui, avant de pêcher, il faut regarder, comprendre pour apprendre, trouver sa place, se faire oublier. L'acte lui-même ne viendra que plus tard, au bon moment, quand l'Indien jugera que le sifflement de sa soie ne risque pas d'envoyer tout le monde aux abris.
Mémé Devaux, qui comme Henri Bresson, appartient à la sous-catégorie des Indiens pressés (très vite en pêche, mais dans la discrétion) me donna un jour ce conseil de pêcheur au toc : « quand tu arrives sur un poste, surtout si la rivière est étroite, ne commence pas à pêcher avant deux ou trois minutes. »
Lui, fumait une cigarette pour laisser l'écho de son pas sur la berge se diluer dans les tourbillons apaisants du courant, le temps que la voûte de leur caverne cesse d'infliger aux truites le supplice de ces vibrations telluriques.
Ainsi sont les Indiens. Toujours capables de se mettre à la place des poissons qu'il traquent. Les indiens n'arrivent jamais en terrain conquis, ils se font discrets, modestes, transparents, comme s'il leur fallait d'abord se faire accepter par l'écrin de leur passion, faire ami-ami, avec la végétation, la lumière, les roches et enfin la rivière qui leur saura gré de s'intéresser d'abord à elle, à ses courants, ses gravières, ses cathédrales de tuf et au rythme de ses eaux.

- *Les Indiens* -

On trouve souvent des manouches dans les rangs des Indiens. On tombe dessus au dernier moment, au détour d'un saule, absorbés par le feuillage, attentifs au moindre détail, armés de cette infinie patience qui vaut mieux que la meilleure des mouches. Celui-là pêchait en nymphe derrière le tennis d'Is-sur-Tille à deux pas d'un parking, un courant famélique, négligé par les autres pêcheurs. Il y posa trois fois sa ligne en *catgut* au bout de laquelle se débattit bientôt une jolie fario de 35 centimètres, qui prit son galet et très vite la direction du panier.

Les Indiens sont une confrérie à part. Ils n'ont pas grand-chose en commun avec les autres pêcheurs, si ce n'est qu'ils s'intéressent, eux aussi, aux poissons. Et encore pas forcément aux mêmes poissons. L'Indien sera toujours plus tenté par la capture qui validera son statut de dénicheur unique, que par celle qui remplira sa musette.

En revanche, les Indiens se reconnaissent facilement entre eux, même lorsqu'ils n'ont pas conscience d'en être, et qu'ils laissent aux autres le soin de les nommer. Leur rencontre et la reconnaissance qui en découle se fait forcément au bord de l'eau, avec ou sans canne. Deux Indiens peuvent trébucher l'un sur l'autre parce qu'ils ne se voyaient pas, trop occupés qu'ils étaient à

- *Les Indiens* -

se fondre dans le paysage, à se faire oublier du monde et, quelquefois, des autres pêcheurs qui adorent leur casser le coup juste pour leur dire :
« Tu l'as vue celle-là ?
...Oui, je l'ai vue, juste avant que tu la fasses partir. »
J'ai deux amis. Appelons les Philippe B. et Pierre A. Le premier a 12 sur 10 aux deux yeux, le second est tellement miro que s'il était peintre, il ferait dans l'abstrait. Vous me direz qu'il est normal que Philippe B. voie les poissons et Pierre A. ne les voie pas. Et vous auriez raison. Enfin, presque. Car est-ce l'œil qui fait le faucon, ou le faucon qui fait l'œil ? Je ne suis pas loin d'opter pour la deuxième solution : il n'est pire aveugle que celui qui ne veut voir. Même si cela est très injuste, c'est le plus mal équipé des deux qui renonce le premier à essayer de voir les poissons dans le fond de la rivière.

Je conçois bien volontiers que ce genre de raisonnement n'est pas pour plaire aux vrais handicapés de la rétine, mais franchement, combien de titulaires d'une excellente vue ont cessé depuis belle lurette de tenter de voir les truites avant de songer à les pêcher. Et marchent ainsi chaque jour sur le nez d'une bonne douzaine de poissons jusque-là bien disposés à leur égard.

Il n'y a pas d'âge pour être un Indien, mais il y a peut-être un âge pour en devenir un. Question d'éducation, d'initiation. Celui-là, assurément, était né comme ça.

- *Les Indiens* -

Le fils de son père, maçon de son état, qui l'emmenait à la pêche depuis son plus jeune âge et qui s'était vite aperçu que le petit était différent, qu'il voyait les poissons quand lui ne les voyait pas, qu'il avait une façon de se déplacer au bord de l'eau à la fois innée et unique, une économie de gestes et une précision stupéfiantes.

Quand je les ai croisés tous les deux, le papoose avait dix ans et décrivait déjà le poisson qui allait succomber au maniement de son vairon :

« Tu vois le brochet dans la vase, là, devant l'herbier ? »

Non, je ne voyais pas.

« Mais si, regarde bien, il y a une herbe juste au-dessus de ses deux yeux... Oh ! il n'est pas gros. Peut-être 50. Tiens le voilà. »

Et la monture s'en alla planer du côté de l'herbier, où était le brochet qui faisait bien 50 et qui atterrit sur l'herbe, juste devant mes pieds. L'enfant s'en saisit et très vite le rendit à son élément.

« Tu sais que tu n'as pas le droit de faire ça. On est en première catégorie. Il est interdit de remettre un brochet à l'eau, quelle que soit sa taille. »

Junior sourit. Manifestement les brochets, il les préférait dans la rivière.

Je n'ai revu ni le père, ni le fils. Et je ne sais si, en grandissant, l'enfant est resté l'Indien qu'il était dans son jeune âge. Ce que je sais, en revanche, c'est qu'une ini-

- *Les Indiens* -

tiation intelligente peut faire d'un enfant passionné un Indien tout à fait convenable. Un Indien qui saura donner beaucoup de temps, de patience, d'attention humble à la rivière pour qu'elle lui livre ses poissons. Qui saura être un aspirant ému, éperdu de passion

- *Les Indiens* -

silencieuse, prêt pour l'aventure de la grande fusion. Que la rivière est une femme, qu'il faut la conquérir, elle et tout ce qui l'entoure et qu'une fois conquise et une fois seulement, elle vous donnera son cœur où nagent les poissons que vous convoitez.

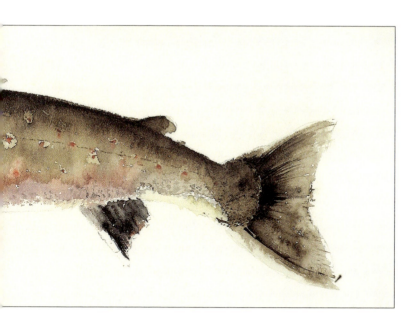

La fermeture racontée par une truite

Coucou, c'est moi... la truite de l'ouverture !
Et oui, ils ne m'ont pas eue, pas cette fois. Je viens donc vous raconter la fermeture et le reste de la saison qui, il faut bien le dire, n'a pas été terrible.
Tout est parti d'une météo pourrie : dans le Gardon, à une semaine d'intervalle on a fait du skate et du raft au même endroit. Ici il y avait trop d'eau, là il n'y en avait pas assez. Il pleuvait quand il devait faire beau, on a eu les giboulées de mars en août et de la neige en juillet.
Du coup, tout le monde s'est énervé, les petites ont fait grève, certains pêcheurs ont commencé à revendre leur matériel et le tourisme rural a salement dégusté. Et comme d'habitude, c'est à nous les anciennes que l'on a demandé de rattraper le coup.
Moi, je m'en suis plutôt bien tirée parce que c'est pas évident le genre d'animation que l'on propose. Comment fabriquer des souvenirs, voire des regrets à des milliers de pêcheurs qui n'avaient pas connu le plus petit commencement d'émotion pendant tout le reste

- La fermeture racontée par une truite -

de la saison. On y prend des risques et aussi des coups. Cela s'est mal terminé pour un certain nombre de collègues. La grande Berthe de l'Ain : morte au champ d'honneur, la petite Lulu du gave de Pau : tombée au feu, Mirette "n'a qu'un œil" de la Dourbie : épuisée au coup du soir. La liste est longue des anciennes auxquelles cela a coûté la vie d'avoir payé de leur personne. Des faux gobages qui vous accrochent par les bretelles, des bas de ligne dont on pensait se jouer et qui auraient pu tirer des pétroliers, des néophytes gâtés par la fortune, des vieilles mains secourues par l'infortune, nous avons cette année pris plus de risques que d'habitude avec notre métier.

Sans compter les distraites, les gloutonnes, les charmées, les Alzheimer et toutes celles dont l'heure était vraiment venue de passer à la postérité. Était-ce sa faute, à la Rose de Vassivière si un pêcheur de brochet maladroit lui a balancé un gardon sur la tête, ce qui était, vous en conviendrez, une sacrée offense à ses 6 kilos. Et la pauvre Honorine qui n'a pu résister à une bouchée de vache Grosjean.

Résister, c'est pourtant ce qu'avait fait Dolorès de la Sègre espagnole : pendant trois mois, l'ami De Pastors lui a présenté sa nymphe comme Don José ses hommages à Carmen. La nymphe arrivait, la belle frétillait, il

- *La fermeture racontée par une truite* -

animait le leurre, la belle se figeait. Et puis un jour, il l'a citée de très loin avec une gammare en *ice dub,* en donnant à son geste la profondeur d'une passe de José Thomas à un Vittorino Martin, et la belle Dolorès a déplacé ses 2,8 kilos sur plus de 2 mètres pour prendre cette nymphe fatale. Mais l'histoire la plus tragique, la plus bête aussi, celle que j'ai le plus de mal à vous raconter tant elle me touche concerne une amie de vingt ans, une voisine, presque une cousine, dont le destin a basculé à la dernière heure du dernier jour, quand la plupart des cannes avaient déjà regagné leur râtelier. Comme vous l'avez sûrement remarqué, ce n'est pas moi sur le dessin. Ccttc beauté de 3,7 kilos me manquera, c'est sûr, autant pour l'émulation que pour l'amitié.
La Goulue de la Goule, puisque c'est d'elle qu'il s'agit, était occupée à digérer paisiblement l'une de ses filles qui lui avait mal parlé à table – chez nous les truites, on ne laisse pas au conflit des générations le temps de s'installer, ce n'est pas parce qu'on pèse 300 grammes que l'on peut répondre à ses parents – bref, La Goulue digérait tranquillement sa fille, quand un bâillement irrésistible lui commanda d'ouvrir la gueule qu'elle avait grande, brèche dans laquelle s'engouffra une petite bestiole de rien du tout, encore une de ces nymphes en tungstène et chachlik mercerisé que nous tricotent les malades de l'étage au-dessus, une intrigante

- La fermeture racontée par une truite -

de même pas deux grammes qui profita de l'appel d'eau pour se caler entre deux dents, attelant ainsi La Goulue de la Goule au 12/100, tendance 14 du dénommé Boisson (avec un nom pareil, je comprends qu'elle ne se soit pas méfiée).
La surprise fut totale. De sa longue vie, La Goulue n'avait jamais été tenue en laisse de la sorte. La stupéfaction l'empêcha d'ailleurs de se défendre. Elle roula sur elle-même comme une barrique mal arrimée, donna deux ou trois coups de tête qui manquaient de conviction, puis se laissa emprisonner dans le filet du Boisson, tout heureux de clore par cet heureux ferrage sa dernière action de pêche de la saison. Ainsi périt La Goulue de la Goule, victime d'un mercenaire de la nymphe, dont ce trépas va maintenant faire fructifier la réputation.
Pendant que moi, et tous ses amis, et toute sa famille, et tous les petits gauleux qui rêvaient en secret d'un tour de valse avec elle, en jurant – les faux culs – qu'ils l'auraient, eux, remise à l'eau après avoir gravé leur petite croix sur sa pauvre carlingue de douairière délabrée, ferons remonter les niveaux par le flot de nos sanglots.
Parfois je me demande s'ils savent ces grands pêcheurs, ces magiciens de la dérive, ce qui nous a fait ouvrir la gueule quand leur satanée nymphe y pénètre ? Ils ont tous une foule de théories sur le sujet, des théories et des recettes et encore des explications, qu'ils réservent aux

- *La fermeture racontée par une truite* -

chroniques des journaux pour les uns et aux comptoirs des bistrots pour les autres.
Et si tout ce qu'ils racontent n'était pas ce qu'ils croient ? Toutes ces vérités qu'ils vous font gober à votre tour, qu'est-ce qu'ils en savent vraiment ? Après tout, leurs nymphes, on les prend peut-être pour des pépites d'or, des pilules pour l'humeur, des comprimés contre le mal au crâne que nous donne la pollution, des dragées Fuca, des pastilles contre le mal de terre, des hosties pour entrer un jour au paradis des truites. Allez savoir... Nous on sait. Mais on vous le dira pas.
D'ailleurs, en ce moment, on a d'autres chats à fouetter. Il faut faire le ménage, compter les morts, les éclopés, réparer les dégâts. Quand ils ont troqué leurs cannes à pêche contre un fusil ou un panier à champignons, c'est le moment pour nous les anciennes de faire le tour des retournes, des fosses et des courants, d'inspecter chaque herbier, chaque grotte de tuf pour recenser les rescapés. Et puis quand on aura terminé, que les survivants, truites, ombres, brochets, vairons, chevesnes et blageons auront conté les histoires de leurs héros tombés sur les radiers de la gloire, chacun se préparera pour l'hiver qui sera, pour les uns, la saison des amours, et pour les autres, celle de la grande sieste. En attendant la prochaine ouverture. Et l'arrivée des cormorans.

Table des matières

L'éternité ne dure que trente minutes *p.10*
Hairy Mary *p.13*
Seuls au monde *p.23*
L'ouverture racontée par une truite *p.35*
Le dîner de truites *p.45*
La belle au bois d'Ornans. *p.55*
L'homme qui parlait aux truites. *p.67*
L'homme pressé. *p.77*
Le pape est mort *p.87*
Robert et Robert *p.99*
Albert l'ombre *p.107*
Mimi la Bricole *p.115*
La Femme Truite *p.123*
Le baiser de l'ombre *p.135*
Seccotine. *p.143*
Docteur La Tanche *p.151*
Le rendez-vous. *p.159*
Monica *p.169*
La rivière aux lucioles. *p.177*
Appâter au brochet *p.187*
Le jour le plus long *p.197*
La valse des tarpons *p.205*
Le denti à la pioche *p.217*
Le Coup du Soir *p.225*
Les Indiens *p.237*
La fermeture racontée par une truite *p.245*

Achevé d'imprimer par Imprimerie RAS (95)
Octobre 2009

ISBN : 978-2-918758-04-4